若大将のゆうゆう散歩

東京下町編

加山雄三 監修

GENTOSHA
幻冬舎

新鮮な気持ちで街を歩くと新しい発見があって楽しいよね

実は僕、この番組が始まるまで、街を歩くことなんて全くなかったんです。昔はちょっとだけ有名で（笑）、街を歩くだけで人だかりができて大変だったんです。だから、せいぜい外国でしか歩けなかったんですよね。

ところが、この番組が始まってほぼ毎日のように東京の街を歩くようになって、発見したんです。「街を歩くって、こんなに楽しいものなんだなあ」って。

街それぞれに特徴があり、見たこともないお店がたくさん並んでいる。そこには、歴史と伝統を守る職人さんや、驚くべきアイディアで勝負する人々の姿がある。そういう方々と出会うと、僕はめちゃくちゃ感動してしまうんですよ。

その土地ならではの、美味《おい》しい食べ物に出会えるのも散歩の楽しみ。谷中で食べたオージービーフの巨大ステーキ、浅草で食べたあげまんじゅうや鯨ベーコン。ある街では、あんことバターが入ったフランスパンをいただき、それ以来、自分で真似して作るようにもなりました。
たくさん歩いてお腹がすいたら、気になる店に入ってみましょう。疲れた時の甘いものや暑い日のかき氷なんて最高ですね。おすすめの逸品をいただきながら、お店の方のこだわりを聞いてみるのもいいでしょう。

さあ、本書をご覧の皆さん。街歩きにでかけませんか？　本書では、これまで番組で僕が歩いた街のなかから、20の下町を紹介しています。下町の親しみやすい雰囲気や、人懐っこくてフレンドリーな人たちが、僕は大好きです。

いつも通っている道でも、ふと足を止めて別の視点で見ると、新たな発見ができるものです。何も考えずに歩くのもいいけれど、僕のおすすめは、出会ったものや見たものを、いろんな知識と結びつけて考えてみること。ひとつの出来事が、どんどん違う考えに広がり、過去の記憶や知識と結びつく——そう思うと楽しいでしょう？
街を歩きながらいろんな出会いをして、いろんなことを考えてみる。それが人間の豊かな時間の過ごし方だと、僕は思います。

２０１３年春　加山雄三

人情味あふれる東京の下町20コース!!

番組「若大将のゆうゆう散歩」では、加山雄三さんが、東京近郊のさまざまな街を散策していますが、本書では、そのなかから20の下町を紹介しています。

下町とは一般に「低い所にある市街。商人・職人などの多く住んでいる町。東京では台東区・千代田区・中央区から隅田川以東にわたる区域」（広辞苑）とされています。下町の定義は地形的な特徴や住んでいる人の職種によってなされているようです。

広域マップ

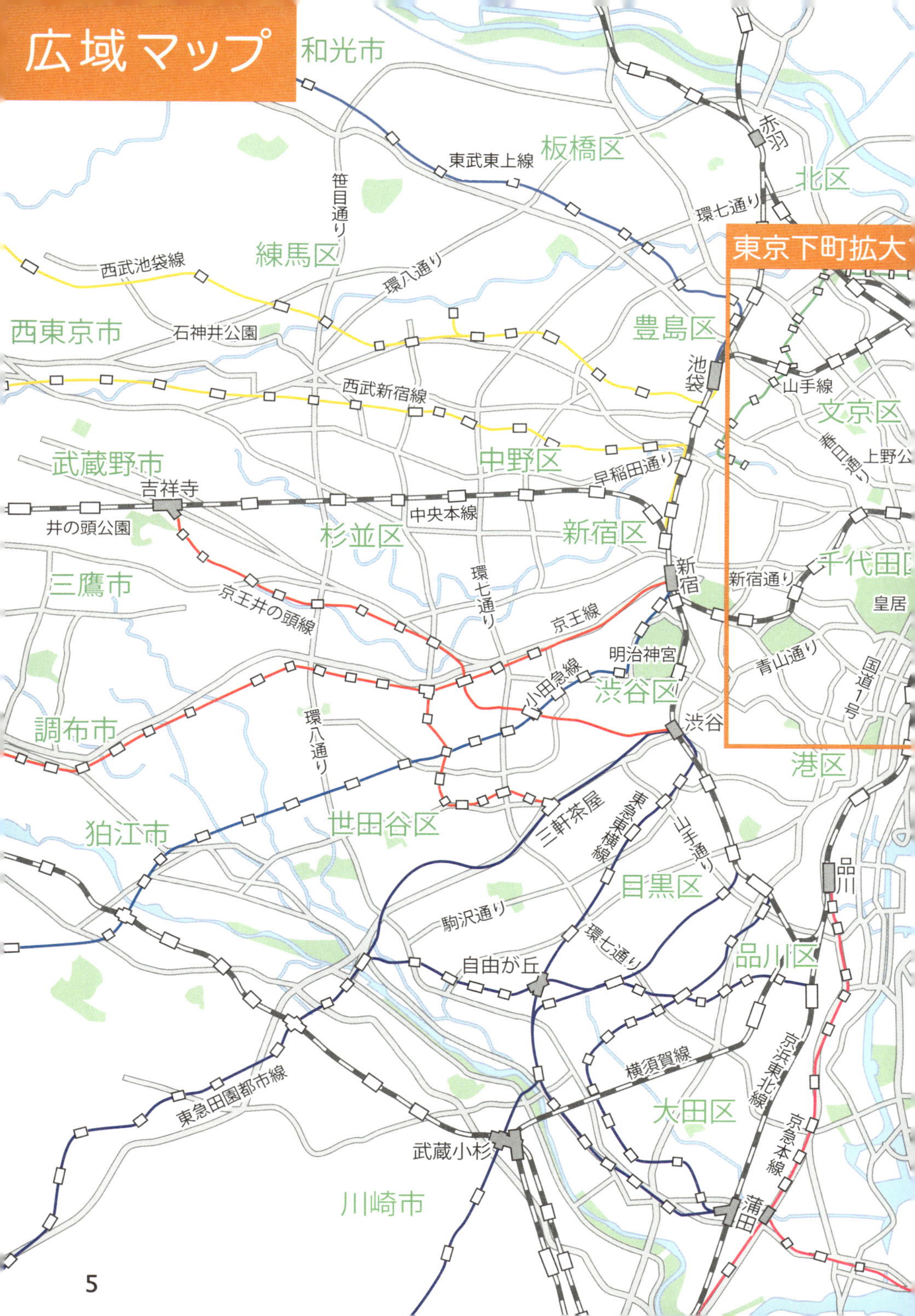
和光市
東武東上線
板橋区
赤羽
北区
笹目通り
環七通り
練馬区
西武池袋線
環八通り
東京下町拡大
西東京市
石神井公園
豊島区
池袋
西武新宿線
山手線
文京区
春日通り
上野公
武蔵野市
中野区
早稲田通り
吉祥寺
中央本線
井の頭公園
杉並区
新宿区
三鷹市
環七通り
新宿
新宿通り
千代田
皇居
京王井の頭線
京王線
明治神宮
青山通り
国道1号
小田急線
渋谷区
調布市
渋谷
環八通り
港区
三軒茶屋
東急東横線
山手通り
狛江市
世田谷区
品川
目黒区
駒沢通り
環七通り
自由が丘
品川区
京浜東北線
横須賀線
東急田園都市線
大田区
京急本線
武蔵小杉
蒲田
川崎市

足立区
北千住
P.110～
柴又
P.100～
男はつらいよ
荒川区
三ノ輪
P.106～
荒川
隅田川
葛飾区
台東区
浅草
P.20～
羽橋
24～
●浅草寺
●かっぱ橋道具街
蔵前
P.40～
●東京スカイツリー
●両国国技館
墨田区
両国
P.36～
総武線
天宮
●芭蕉像
深川
P.46～
門前仲町
P.50～
・月島
.78～
京葉線
江東区
江戸川区

東京下町拡大マップ

北区
板橋区
豊島区
●とげぬき地蔵尊
巣鴨
P.122～
山手線
タやけ
だんだん
谷中
P.56～
千駄木
P.66～
根津
P.62～
上野公園
上野動物園
上野
P.30～
文京区
アメヤ横丁
●東京ドーム
神楽坂
P.116～
新宿区
御茶ノ水
P.94～
神田古書店街
神田
P.90～
千代田区
●皇居
日本
人形
P.84
中央本線
中央区
東海道本線・山手線・京浜東北線
●六本木ヒルズ
●東京タワー
港区
築地
P.72～
月島もん
ストリー

鉄道路線図

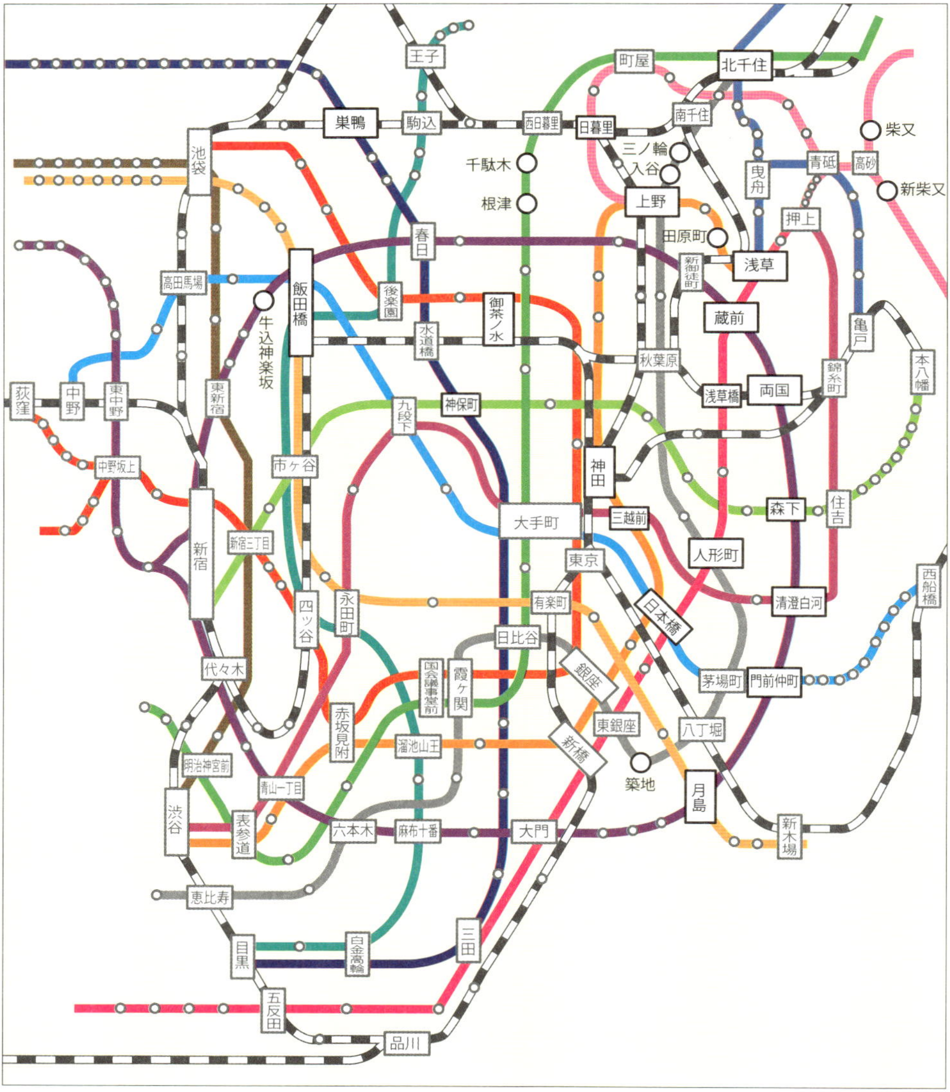

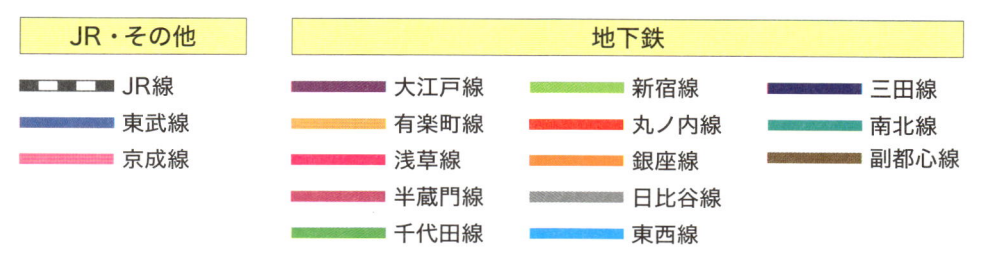

JR・その他

- JR線
- 東武線
- 京成線

地下鉄

- 大江戸線
- 有楽町線
- 浅草線
- 半蔵門線
- 千代田線
- 新宿線
- 丸ノ内線
- 銀座線
- 日比谷線
- 東西線
- 三田線
- 南北線
- 副都心線

若大将の ゆうゆう散歩

テレビ朝日
月曜～金曜
午前9:55～10:30
放送中!!

遊び心を忘れない 若大将が街にやって来る！

大海原を航海し、雪山をスキーで滑走し、世界中を旅してきた加山雄三さん。
大ヒット映画「若大将」シリーズでも、ありとあらゆるチャレンジを経験してきました。
しかし、そんな加山さんにも、実はいまだ体験していない“大冒険”が残っていたのです……！

それこそが、“街”の散歩！

下町の路地裏、駅前の商店街……。
何気ない街の風景は、大スター・加山さんにとって、“未知との遭遇”でもあります。
番組では、探究心旺盛な加山さんが、少年のように目をキラキラ輝かせながら、好奇心の赴くまま、街の散歩にチャレンジしています。

若大将が人生の「三“かん”王」を目指して……

関心、感動、感謝

街で出会う人々とのふれあいも楽しみのひとつ。街で元気に頑張っている人を見ると、応援したくなるという加山さん。前向きに頑張る人を「キミこそ“街の若大将”だな！」とたたえたり、偶然出会った女性たちに紳士らしくお団子をおすそ分けしたり……と、チャーミングな人柄を発揮し、気さくに交流を繰り広げています！

P.12～P.17へ

BGMは 加山さんの名曲

番組で流れるのは、加山さんの大ヒット曲の数々。曲が流れるときは、曲名と発表された年代もテロップで表示されています。

加山さんが 感想を書に綴る

散歩した後、加山さんは毎回、感想を書に綴ります。本書に掲載している書も、加山さんが番組内で実際に書いたものです。

その他、見どころ満載！

都内近郊やその周辺だけでなく、加山さんが東海道沿いを歩く「東海道さんぽ」シリーズも人気！
また、基本毎週金曜は、それまで放送したものから選りすぐりの回が、アンコール放送されています。

「ゆうゆう散歩」公式ウェブサイト
http://www.tv-asahi.co.jp/yuyu-sanpo/

「KAYAMA YUZO」公式ウェブサイト
http://www.kayamayuzo.com/

目次 若大将の ゆうゆう散歩

若大将からのメッセージ……2

広域マップ……4

東京下町拡大マップ……6

鉄道路線図……8

番組紹介……9

特集 関心・感動・感謝……12

浅草 歴史と大衆芸能の街……20

合羽橋 台所用品の商店街……24

上野 商売と観光で栄える街……30

両国 相撲の文化と歴史が生きる街……36

蔵前 懐かしい玩具に会える街……40

深川 隅田川に面する歴史の街……46

門前仲町 不動さんと八幡さんの街……50

谷中 下町情緒あふれる寺町……56

巣鴨地蔵通商店街
とげぬき地蔵尊本堂入口

宿場町通り

歴史を感じられる
船に乗れて
ジンとくるなぁ。

門前仲町 MAP P.50-51

【東京海洋大学】

明治丸に潜入!!

明治天皇が東北巡幸の際に乗船された帆付汽船「明治丸」のなかを見学!

若大将が下町で興味津々! 関心

ギターや船など多趣味で知られる若大将は、下町でもたくさんの、興味深いものに出会いました。

御茶ノ水 MAP P.94-95

【天野屋】

鉄道模型に興奮!!

鉄道にも詳しい若大将。ご主人と鉄道談義に花を咲かせた。こういう出会いも、散歩の楽しみのひとつ。

根津 MAP P.62-63

【玉林寺】

実は大ファン!

2011(平成23)年に建立された、第58代横綱・千代の富士の像の前で目を輝かせる若大将。

御茶ノ水 MAP P.94-95

【クロサワ楽器 お茶の水駅前店】

若大将と言えば……

街中で楽器屋を見つけると、自然と足が向いてしまう若大将。大好きなウクレレやエレキギターに興奮し、思わずその場で演奏!

合羽橋 MAP P.24-25

【元祖食品サンプル屋】

初挑戦!
上手くできた〜

料理が得意な若大将。初めての食品サンプル作りもお手のもの。

やっぱりプロが作ったものと比べると違うなぁ。

「難しい」と苦笑しながらも、初めてとは思えないほど美味しそうに完成させた。

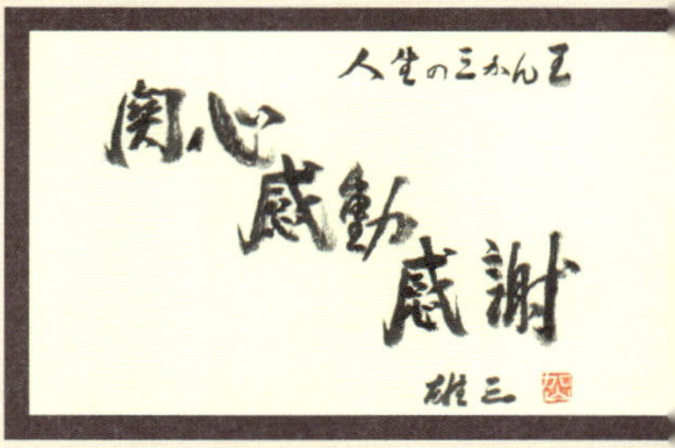

佃・月島 MAP P.78-79　谷中 MAP P.56-57

【佃天台地蔵尊、観音寺の築地塀】

歴史を感じさせる風景

街には歴史ある建物や自然がたくさん。佃天台地蔵尊の樹齢100年の大《おお》銀杏《いちょう》や、観音寺の築地塀に、思わずおおっと声をあげて驚いた。

美味しい甘酒も堪能してご満悦。

僕がギターに目覚めたのは高校生の頃。なんだか思い出すなぁ。

佃天台地蔵尊の大銀杏に触るとご利益があるとか……。

へぇ！
大したものだね！

谷中 MAP P.56-57　千駄木 MAP P.66-67

：千駄木の飴細工
：千駄木のレースドール
：谷中の指人形

【指人形笑吉工房】
【あめ細工吉原、スタジオ真理子】
器用な職人技にクギづけ！

レースドール、指人形、飴細工……など、
職人さんの手先の器用さにびっくり。

若大将が下町で出会った 感動

伝統と歴史を守り続ける職人さん。
あざやかな職人芸の数々に、
若大将はいたく感銘を受けました。

右上：蔵前の銀器職人
左上：日本橋人形町の研ぎ師
右下：千駄木の風呂職人
左下：巣鴨のべっ甲職人

遠近がすごく計算された
素晴らしい画ですね！

根津　MAP P.62-63

【スギヤマ・アートルーム】

繊細なペン画に驚き!!

細密ペン画家・杉山八郎さんがペンだけで描いた、昔懐かしい町並みの絵にとにかく感激！

杉山さんのペン画は、絵葉書やカレンダーなどの商品として販売されている。

ほかにもたくさんの
職人さんに出会いました

佃・月島　MAP P.78-79

【漆芸中島】

江戸時代から300年以上続く漆器工房の第11代目・中島泰英さん。中学を卒業して以来、この道一筋！

深川　MAP P.46-47

【岸本木彫刻】

12歳から江戸木彫刻に従事している岸本忠雄さん。国会議事堂内の装飾も手掛けたそう。

三ノ輪　MAP P.106-107

【長太郎製作所】

明治34年創業の名門、総火造・裁ちばさみ、長太郎の三代目・石塚昭一郎さん。

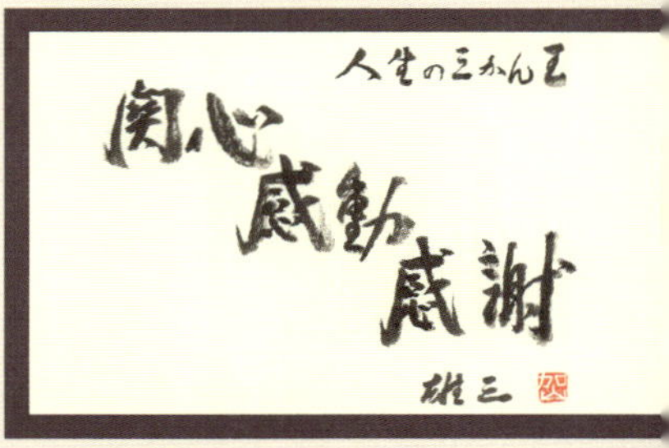

日本橋人形町　MAP P.84-85
蔵前　MAP P.40-41
巣鴨　MAP P.122-123
千駄木　MAP P.66-67

【うぶけや、日伸貴金属、
江戸べっ甲 宮本工業、伊藤風呂店】

代々、受け継がれる伝統の技に心打たれ

おじいさんに憧れてべっ甲細工の修業に明け暮れる若者や、父の背中を見ながら研ぎ師を目指す若者、父と一緒に風呂桶作りに励む女性、東京銀器の伝統を守り続ける銀師《しろがねし》の家族など。代々受け継がれる伝統に、若大将も感激!!

元気な街の人たちとの触れ合い

番組がスタートする以前は、街中を歩く機会が少なかったという若大将。街を歩くようになって驚いたのは、いろんな人が気さくに声をかけてくれること。ひとつひとつの街で、忘れられない思い出ができた。

若大将が下町で笑顔に！ 感謝

散歩の途中で出会った街の人々。人情味あふれる、下町の出会いに若大将も、思わず笑顔に。

若大将ゆかりの場所も……

映画「若大将」シリーズで、若大将の実家の設定で登場した「田能久」のロケ地など。久々の“帰省”に、若大将も表情がゆるんだ。

ただいま!!

【かんだやぶそば】※既存店舗は解体。

「帰ってきた若大将」で田能久として登場した「かんだやぶそば」にも久々の“里帰り”。同店は現在、新規店舗建築のため休業中（再開時期は未定）。

浅草 MAP P.20-21 【今半別館】

もともとの「田能久」のモデルは、浅草の今半本店。ロケは今半別館で行われた。いまでも店内には、当時の撮影風景などの写真が飾られている。

根津　MAP P.62-63

【ボンジュールモジョモジョ】

可愛いおつかいに遭遇!

根津神社入り口交差点近く、路地裏にある小さなパン屋さん。若大将はこの店で、おつかいに来ていた二人の小さな女の子に出会った。その微笑ましい風景に、思わずカメラのシャッターを押し、その後も忘れられない思い出のひとつになった。

東北出身の若い女性がひとりで切り盛り。動物パンなど、愛情がたっぷりの可愛いパンがズラリ。

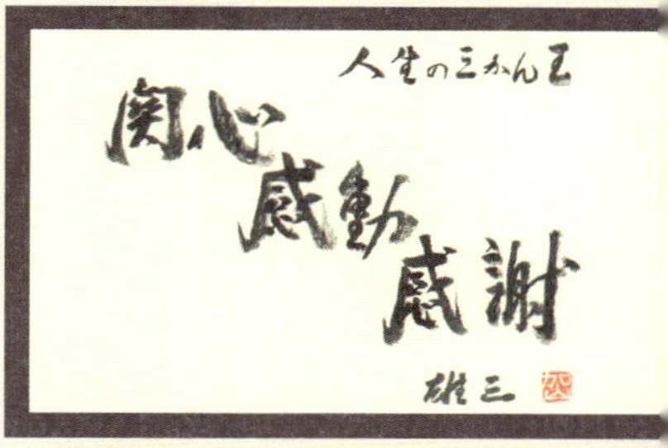

僕はお肉が大好きなんです。
こんなに美味しいと300gくらい
ペロリといけちゃうよ。

散歩の疲れも一気に吹き飛ぶ
下町の美味しいモノたち

谷中　MAP P.56-57　【もんじゃ大木屋】

上野　MAP P.30-31　【新鶯亭《しんうぐいすてい》】

神楽坂　MAP P.116-117　【ムギマル2】

下町散歩の楽しみのひとつと言えば、その街ならではのグルメ！　谷中の鉄板焼き屋では、“巨大ステーキ”の大きさと美味しさに感激し、つい饒舌になるシーンも。加山さんのお肉に関する知識の深さに、店主も驚いた様子。

上：もんじゃ大木屋の巨大ステーキに驚き
右：饅頭カフェ、ムギマル2でひと休み
左：暑い日に食べた、新鶯亭の氷しるこ

浅草／合羽橋

【最寄り駅】

［浅草］

●東京メトロ銀座線、都営浅草線、東武伊勢崎線、つくばエクスプレス「浅草駅」

［合羽橋］

●銀座線「田原町駅」

浅草花やしき。

雷門前のにぎわい。

芸の街としても有名 江戸の粋を伝える街

浅草寺の門前町として古くから栄え、今では日本を代表する観光名所として知られる浅草。活気に満ちた仲見世通りでは、人の流れに身を任せるも良し、気ままに脇道に逸れるも良し。寺や神社、老舗《しにせ》の名店など情緒豊かな風景のなかに、東京スカイツリーを発見してみるのも楽しい。

　また、国際通りから西へ5分ほど歩けば、かっぱ橋道具街に着く。プロ御用達の一級品から、ユニークな用途のアイディアグッズまで、見たこともないような台所道具がズラリと並ぶ様子は、料理好きでなくともわくわくしてしまう！　レストランと思ったら食品サンプル店、居酒屋と思ったら看板店、そんな笑い話もこの街ならでは。

浅草の仲見世通り。約250mの通りには90軒近い店舗が。

かっぱ橋道具街のかっぱ河太郎像。

とにかく人の
多さにびっくり。
お祭り気分だね。

歴史と大衆芸能の街

浅草

雷門をくぐり、日本最古の商店街のにぎわいを楽しみながら浅草寺へ。参拝途中や帰りには、スターゆかりの地で記念写真！

下町の温かさがあふれている！

1 商店街

TV

人混みの中ふと前に目をやると、石畳の先に、朱塗りの建物が映える風景が。

雷門から浅草寺まで 250mに約90軒が並ぶ！

仲見世通り

江戸時代から続く日本最古の商店街。菓子、工芸品など土産物がたくさん。各店のシャッターに、江戸の町や人々の様子が描かれているのも必見だ。

地下鉄浅草駅1番出口・東武線浅草駅から徒歩4分

TV は若大将が番組で訪れた場所

若大将が歩いたコースは…

2時間半

3009歩

102Kcal

六芸神の像
浅草花やしき
5
6
花やしき通り
浅草ビュー
浅草駅
浅草(2)
雷5656茶屋
西浅草
A2
公園六区
公園六区入口
A1
A1
伝法院
7
浅草ROX
伝法院通
捕鯨船
国際通り
浅草一丁目
スターの広場
4
たぬき通り
浅草(1)
つくばエクスプレス
ユニゾ浅草
浅草セントラル
雷門通り
浅草一丁目
国際通り
田原町(1)
田原小
100m

3 すき焼き　TV

店先に置かれた大きな石灯篭や、玄関まで続く石畳に粋を感じる。

浅草散策なら外せない若大将ゆかりの名店

今半別館

明治時代から独自の味を貫き続けて約120年。映画「若大将」シリーズには若大将の実家として登場。すき焼きを中心とした日本料理が堪能できる。

11:00～15:00、16:30～21:30（L.O.20:30）、土日祝は通し営業※予約最終時間は19:30／無休／☎03-3841-2690／地下鉄浅草駅1番出口・東武線浅草駅から徒歩6分

2 寺　TV

香炉の煙に、体の悪いところをかざすのを忘れずに。

飛鳥時代から続く浅草繁栄の中心地！

人混みをかきわけいざ参拝

浅草寺

628年創建、都内最古の寺で将軍や民衆の信仰を集めていた。昼の活気も魅力だが、日没から23時頃までの、ライトアップされた境内もおすすめ。

諸堂の開堂は6:00～17:00（10月～3月は6:30～）／☎03-3842-0181／地下鉄浅草駅1番出口・東武線浅草駅から徒歩7分

4
街並み

約３００名の手形のなかから、気になるスターを探そう！

芸能史に輝くスターの
手形とハイタッチ！

スターの広場

浅草公会堂の玄関前には、後世に伝えるにふさわしい、大衆芸能のスターの手形とサインが設置されている。第一号は故・美空ひばりさん。若大将の手形は2012年に設置された。

つくばエクスプレス浅草駅A1出口から徒歩5分

5
遊園地

昭和28年誕生の、日本現存最古のコースターに乗ってみよう。

開園は江戸末期！
日本最古の遊園地とも

浅草花やしき

もともと花園だったものが、1949（昭和24）年、遊園地に。レトロなアトラクションと雰囲気を楽しんで。

10:00～18:00（季節・天候により異なる）／入園料大人900円、5歳～小学6年生400円、4歳以下無料／メンテナンス定休日あり／☎03-3842-8780／つくばエクスプレス浅草駅A1出口から徒歩3分

6
像

左から、唄神、奏神、話神、戯神、演神、踊神。

モデルにそっくり？
6体の芸事の神様たち

六芸神の像

浅草公園六区に祭られている、芸の知恵を授ける神様のブロンズ像。古今亭志ん生や榎本健一など、それぞれ、浅草と縁がある芸人がモデルになっていてユニーク！

つくばエクスプレス浅草駅A1出口から徒歩5分

7
鯨料理

人気メニューは「皮とさしみのミックス」と「牛にこみ」。

鯨を食べて芸を磨く！？
六区通りの元気な鯨屋

くじらの店 捕鯨船

ビートたけしを始め、大勢の芸能人が来店することで知られる。店の壁はサインや写真でビッシリ！　厳選された鯨肉は臭みがなく、まろやか。

17:00～22:00、土日祝 16:00～22:00／木定休／☎03-3844-9114／つくばエクスプレス浅草駅A1出口から徒歩3分

浅草 で見つけた お土産

幸福のストラップ 七福神

各525円

浅草寺までの仲見世に位置する店で、若大将も購入。
☎0120-37-8557
評判堂

あげまんじゅう

120円～

3種の高級油の香りと衣のサクサク感が人気。味は、抹茶やかぼちゃなどがある。
☎03-3841-9386
浅草九重

評判堂のげんこつ

525円

名古屋の「鬼あられ」を東京向けに改良。関東の「あられ」の起源となった商品。
☎0120-37-8557
評判堂

今日の一筆

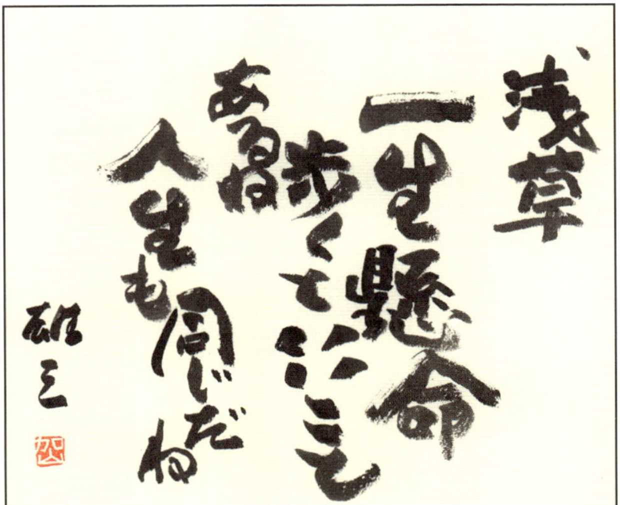

浅草の懐の深さを知ると、この街から天下を獲った芸人さんが多く出たのもわかる気がするな。街の人がみんな本当に温かいね。

台所用品の商店街 合羽橋

プロ御用達のものからアイディアグッズまで台所用品が何でもそろう。あちこちに潜む、河童《かっぱ》のモチーフを探してまわるのも楽しい。

中央図書館
N
合羽橋北
珈琲屋うさぎ
6
あさくさ梅源
海禅寺
日枝神社
浅草ビュー
西浅草局
霊梅寺
5 元祖食品サンプル屋
浅草駅
合羽橋
かっぱ河太郎像
渡辺医院
釜浅商店 4
A2
矢先稲荷神社
公園六区入口
A1
A1
渡辺医院
かまた刃研社 3
小林歯科医院
西浅草(1)
国際通り浅草一丁目
松葉小学校前
合羽橋南
台東松が谷局
東本願寺
専勝寺
来応寺
つくばエクスプレス
2
善照寺
1 ニイミ洋食器店
浅草局
菊屋橋
浅草通り
3
田原町駅
1
2
伊藤景パック産業(株)

プライベートでもよく通っているよ。

1
台所用品

TV

道具街の入口にそびえる、ビル屋上の巨大なコックのオブジェが目印！

随一の品ぞろえ！知識も自慢の店

若大将行きつけ

ニイミ洋食器店

質実剛健をモットーに、プロ仕様の道具も安く販売。7万〜8万点にも及ぶ品々について、スタッフがひとつひとつしっかり説明してくれるのが頼もしい。

10:00〜18:00／日定休、1月は日祝定休／
☎03-3842-0213／地下鉄田原町駅1番出口から徒歩4分

TV は若大将が番組で訪れた場所

若大将が歩いたコースは…

1時間半

2240歩

77Kcal

3
刃物

マスコットの招き河童に誘われ、店内に入ると包丁がズラリ！

可愛い招き河童が目印 研ぎのプロの店！

かまた刃研社

創業から4代続く研ぎの店。ボロボロになった包丁やはさみも新品同様に直してくれる。家庭用包丁の研ぎは1000円。研ぎ教室や包丁販売も行なっている。

10:00～18:00、日祝 10:30～17:30／無休※夏季・冬季休暇あり／☎03-3841-4205／地下鉄田原町駅1番出口から徒歩7分

2
パック

たくさんの商品から選んで、お気に入りを見つけよう。

オシャレで可愛い スイーツパッケージがいっぱい

伊藤景パック産業(株)

製菓・製パン用を中心にパッケージを販売。ケーキカップ&デザートカップ、焼成トレーが多彩にそろう。惣菜パックを中心に扱う別店舗も道具街にある。

9:30～17:30、土10:00～17:00／日祝定休／☎03-3847-4342／地下鉄田原町駅1番出口から徒歩4分

4
調理器具

店内は明るく、明治創業の老舗ながら、気軽に入りやすい。

料理道具ならぬ “良理《りょうり》道具”を追求

釜浅商店

職人手作りのさまざまな道具を販売。とくに南部鉄器は随一の品ぞろえ。100年以上の歴史と経験をもとに作られたオリジナル商品もある。

9:30～17:30、日祝10:00～17:30／無休／☎03-3841-9355／地下鉄田原町駅1番出口から徒歩8分、つくばエクスプレス浅草駅A2出口から徒歩5分

5
サンプル

レタスと天ぷらの食品サンプルを体験ブースで作ってみよう。

八十余年の歴史と技術に 若大将も感激！

元祖食品サンプル屋

食品サンプルの技術から生まれるユニークなグッズを販売。昔ながらの「ろう」を使った食品サンプル製作体験（予約制、小学4年生～）は1人1500円。

10:00～17:30／年末年始休／☎0120-17-1839／地下鉄田原町駅3番出口から徒歩10分、つくばエクスプレス浅草駅A2出口から徒歩5分

6
喫茶

「シフォンケーキセット」。コーヒーか紅茶が選べる。

こだわりのコーヒーと ケーキでひと休み

珈琲屋うさぎ

注文ごとに一杯ずつ抽出するコーヒーが自慢。ふわふわの自家製シフォンケーキは、同じく自家製の濃厚ジャムをつけて食べたい。

10:00～18:00／水定休／☎03-3844-8643／地下鉄田原町駅1番出口から徒歩11分、つくばエクスプレス浅草駅A2出口から徒歩8分

7
寺

商売繁盛などにご利益あり。賽銭箱には、キュウリのお供えが。

お供え物はキュウリ 河童の神様を参拝

曹源寺

合羽橋の治水を助けたとされる河童を祭っている。事前連絡をすれば、手塚治虫が描いた河童の絵などの、堂内の収蔵品も見学可能。

9:00～17:00（変動あり）／☎03-3841-2035／地下鉄田原町駅1番出口から徒歩12分、つくばエクスプレス浅草駅A2出口から徒歩8分

合羽橋で見つけたお土産

あぶり芋、きんつば

各140円

100年前の創業当時から手作業だけで作り続ける和菓子屋。厳選素材の味が際立つ！
☎03-3841-4147
江戸昔菓子 あさくさ梅源

食品サンプルの文房具

630円〜

食品サンプルが文房具に!?ほかに、おでんのペン立てなど、種類も豊富。
☎0120-17-1839
元祖食品サンプル屋

爪ヤスリ

400円

表は荒削り用、裏は仕上げ削り用。細かい凹凸に、職人さんの技が光る！
☎03-3844-6608
深沢やすり店

今日の一筆

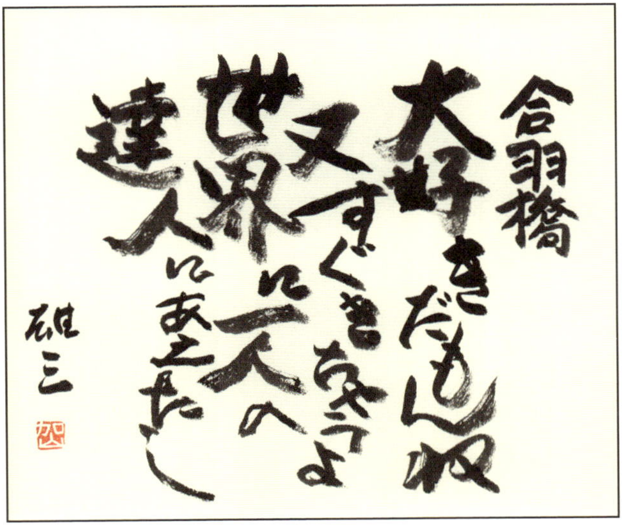
合羽橋
大好きだもん
又すぐきちゃうよ
世界に一人への
達人にあえたし
雄三

僕の大好きな街。食器や鍋を売るお店ばかりと思っていたけれど、しっかり散策したら、それだけじゃない魅力がたくさん！

上野

【最寄り駅】

- 山手線、京浜東北線、東京メトロ銀座線・日比谷線「上野駅」
- 山手線、京浜東北線「御徒町駅」
- 東京メトロ銀座線「上野広小路駅」
- 都営大江戸線「上野御徒町駅」
- 京成本線「京成上野駅」

寛永寺弁天堂（不忍池弁天堂）。

上野公園は都内屈指の桜の名所。

毎日が大売り出し！活気あふれる商売の街

上野の街のにぎわいは戦後、空襲で焼け野原となった地に、非合法の闇市ができたことをきっかけに始まった。山手線の線路沿いに位置するアメヤ横丁には、魚介、生鮮食品、乾物や菓子などの商店が並び、威勢の良い、行商さながらの掛け声が今日も飛び交う。

上野駅は古くから東北方面へむかう鉄道と都内交通が交差する乗り入れ駅で、高度経済成長期には、地方からの集団就職者たちであふれかえった。

今でも、街を訪れる人の多さは都内でトップクラス。寛永寺の跡地にひらかれた上野恩賜公園のミュージアムや動物園、さらに花見のシーズンには満開の桜を目当てに、大勢の観光客が押しかける。

460店以上が並ぶ、にぎやかなアメ横。

街のにぎわいを見守る西郷隆盛像。

活気があって
僕は好きだなぁ。
自然も多いしね。

商売と観光で栄える街

上野

子どもから大人まで楽しめる、遊びのつまった下町の代表格。両手いっぱいに買い物袋を提げて楽しみたい。

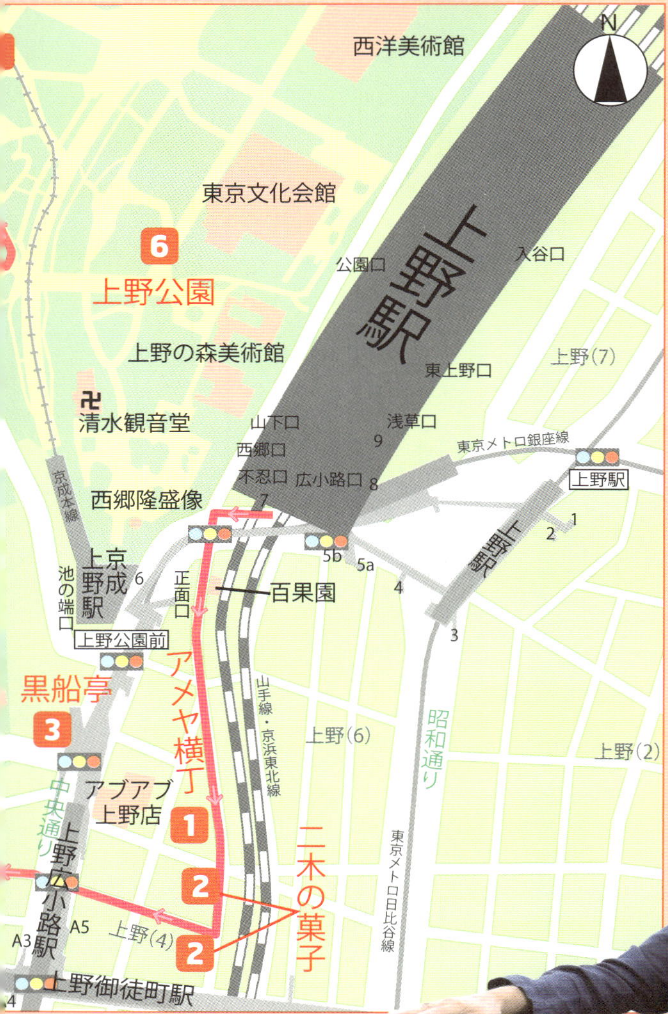

道行く大道芸人に会うのも楽しい！

1 商店街

カットフルーツやチョコレートのたたき売りが有名！

さぁさぁ安いよ安いよ〜

威勢のいい売り文句が飛び交う、問屋商店街

アメヤ横丁

戦後の闇市から続く問屋商店街。生鮮品や乾物がうずたかく積まれた店前に、買い物客が道幅いっぱいに押し寄せる光景に購買欲がさらにかきたてられる。

地下鉄上野御徒町駅・上野広小路駅A5出口からすぐ、JR・地下鉄上野駅不忍口から徒歩3分

TV は若大将が番組で訪れた場所

若大将が歩いたコースは…

2時間
4352歩
147Kcal

至 根津
旧寛永寺五重塔
動物園通り
東照宮
新鶯
上野精養
不忍通り
花園稲荷神社
五條天神社
池之端(1)
WC
池之端
大黒天堂
ボート乗り場
弁天堂
5
横山大観記念館
東京メトロ千代田線
不忍池
不忍池西
下町風俗資料館
旧岩崎邸庭園
4
上野合同庁舎
不忍通り
池之端一丁目
パークサイド
ファミ
マート
湯島(3)
湯島駅
湯島四局
有職組紐 道明
1
2
天神下
春日通り
都営大江戸線
100m
3
4
至 新御茶ノ水

3
洋食

おすすめはハヤシライス。量も値段も半分のハーフサイズも人気。

街を見下ろしながら ホッとする味の洋食を

黒船亭

落ち着いた雰囲気の洋食店。「うんちくではなく、本当においしいものを」という思いから、カジュアルで型にはまらない料理を提供する。

11:30〜22:45(L.O.22:00)／無休／☎03-3837-1617／JR・地下鉄上野駅不忍口から徒歩4分、京成上野駅池の端口からすぐ

2
菓子

TV

菓子・食品
現金問屋
二木の菓子

店頭の特売価格に惹かれる。童心にかえって商品を選ぼう。

CMでもおなじみ 懐かしの菓子がズラリ

二木の菓子

全国のローカル菓子が種類豊富にそろう。東京菓子の伝統である飴やおこしも並ぶ。記憶の片隅に残る、昔懐かしい菓子との再会が待っている。

10:00〜19:00(第一営業所)、10:30〜19:30(ビック館)／無休／☎03-3833-4051(ビック館)／地下鉄上野御徒町駅・上野広小路駅A5出口から徒歩2分、JR・地下鉄上野駅不忍口から徒歩5分

4
庭園

繊細なデザインを眺めた後は、庭園で静かなひと時を。

明治の風を感じる
和と洋の建築美を堪能

旧岩崎邸庭園

三菱創設者・岩崎家の本邸として、英国人コンドルが設計した西洋木造建築。洋館と別棟のビリヤード場が、地下道でつながっている。

9:00〜17:00（最終入園16:30）／年末年始休み／☎03-3823-8340／地下鉄湯島駅1番出口から徒歩5分

5
美術館

客間、居間、アトリエなどを、展示スペースとして公開。

日本画の巨匠・大観の
遺品や作品を展示

横山大観記念館

明治42年に、日本画家の横山大観が建てた邸宅。細部までデザインにこだわった部屋で、日本画の大作などの作品が見られる。見学には約30分必要。

10:00〜16:00（最終入館15:45）／月〜水、悪天候時・梅雨期・夏季休／☎03-3821-1017／大人500円、子供200円／地下鉄湯島駅1番出口から徒歩7分

6
公園

TV

江戸時代の人々もこの風景を楽しんでいたとか。

上野の山に広がる公園
文化と芸術に親しむ

上野公園

寛永寺の跡地に造られ、日本初の公園に指定された。園内には美術館や動物園など施設が充実。春は花見客でにぎわい、冬は東照宮のぼたん苑が見頃に。

JR上野駅公園口・京成上野駅池の端口からすぐ、地下鉄上野御徒町駅・上野広小路駅A5出口から徒歩5分

7
甘味

TV

定番の「鶯だんご」は550円で小豆、白あん、抹茶の3種。

できたては格別！
やわらかな三色団子

新鶯亭《しんうぐいすてい》

番組では
氷しるこを紹介

大正4年の創業当時と変わらない製造法の「鶯だんご」は、とてもやわらかで美味。保存料を使用していないため、お土産の場合はお早めに。

10:00〜17:00／月定休（祝日の場合は翌火）／☎03-3821-6306／JR上野駅公園口から徒歩6分、京成上野駅池の端口から徒歩7分

上野で見つけたお土産

二木の菓子

金平糖

330円

ピンク、緑、白、黄、オレンジと彩り豊かな金平糖は、二木の菓子を代表するお菓子。
☎03-3833-3911
二木の菓子
上野アメ横第一営業所

ネクタイ

2万1000円〜

組紐の技術によって生まれたネクタイ。一本ずつ手作りで組まれたハンドメイド感が◎。
☎03-3831-3773
有職組紐 道明

帯締め

1万2600円〜

江戸時代から続く、下げ緒や帯締めの名店に並ぶ。雅を感じさせる絶妙な色使いの逸品。
☎03-3831-3773
有職組紐 道明

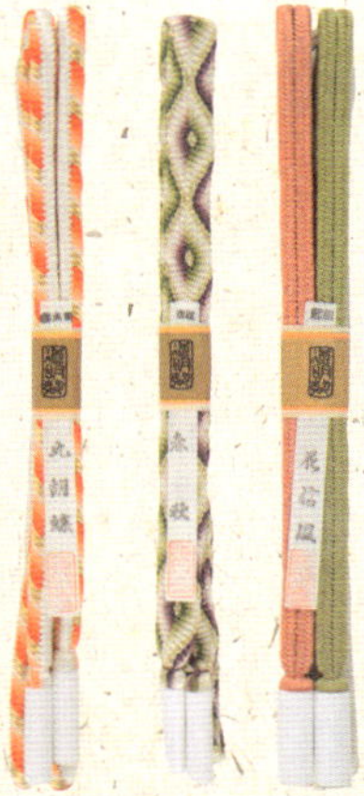

今日の一筆

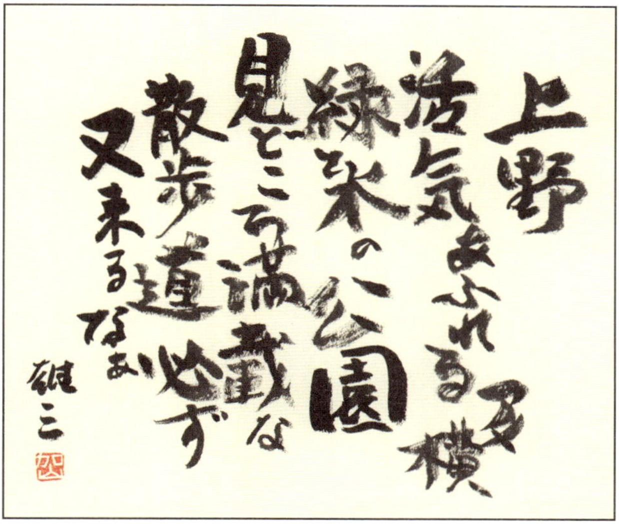
上野
活気あふれるアメ横
緑と木の公園
見どころ満載な
散歩道必ず
又来るなぁ
雄二

アメ横の活気の凄さに圧倒された！　上野公園の雰囲気も最高だったね。汗びっしょりで食べた氷しるこは忘れられないよ。

両国／蔵前

【最寄り駅】
［両国］
●総武線、都営大江戸線「両国駅」
［蔵前］
●総武線、都営浅草線「浅草橋駅」
●都営浅草線・大江戸線「蔵前駅」

蔵前で見つけた懐かしいおもちゃ。

揖取稲荷神社。

相撲関連書が多数そろう。

両国国技館では、音楽などのライブが行われることも多い。

歴史薫る相撲文化の街 そのお隣には幕府の御米蔵が

かつて下総の国と武蔵の国という2つの国をつなぐ交通の要衝であったことから「両国」と名付けられた場所。千葉方面へむかう鉄道の始発駅になってからは、乗降する人々を目あてに多くの商店が立ち並んだ。

現在の場所に国技館が移ると、粋な相撲好きが集まる街にさま変わり。駅周辺にはちゃんこ店が多数集まり、住宅街を歩けば至る所に相撲部屋が見つかる。

「相撲」の街の印象が強いが、江戸時代後期以降の歴史的遺構や老舗商店が残る、歴史散歩好きにとってはたまらないエリアの一つでもある。

蔵前も、相撲の歴史に関係深い場所。その名は江戸時代に幕府の御米蔵があったことに由来する。

お相撲さんを
育て、支える
懐深い街。

回向院

旧両国国技館があった寺。

相撲の文化と歴史が生きる街

両国

中心に国技館・江戸東京博物館という2つのランドマークがそびえ立つ。閑静な街並みの中に、相撲を愛する文化が今も変わらず生き続けている。

N
両国中
日大第一
中・高
A2
両国駅
A3
A4
1
江戸東京博物館
京都下水道局
国ポンプ所
総武線
サンクス
セブン - イレブン
清澄通り
A5
緑
みずほ
高はし 7
緑一丁目
スバーガー
両国三丁目
本所署
ライオン堂 6
りそな
セブン - イレブン
三菱東京 UFJ
都営大江戸線
津風
部屋
芥川龍之介の文学碑
（両国小内）
両国すきっぷ保育園
勝海舟生誕地碑
吉良邸跡
両国小
両国（4）
国三局

ちゃんこ屋が
たくさんあるよ。

1
博物館

映像や音声を使った展示が多くて評判！

アッと驚くスケール感
江戸の歴史を振り返る

東京都江戸東京博物館

江戸東京400年の歴史を伝える博物館。常設展では、日本橋や芝居小屋など実物大に再現した大型模型が展示され、記念撮影を楽しむ人も多い。

9:30〜17:30（入館は閉館の30分前まで）／月定休（祝日の場合は翌火）・年末年始休み／
☎03-3626-9974（代表）／JR両国駅西口から徒歩3分、地下鉄両国駅A4出口から徒歩1分

TV は若大将が番組で訪れた場所

若大将が歩いたコースは…

2時間半

2221歩

78Kcal

3 手形 TV

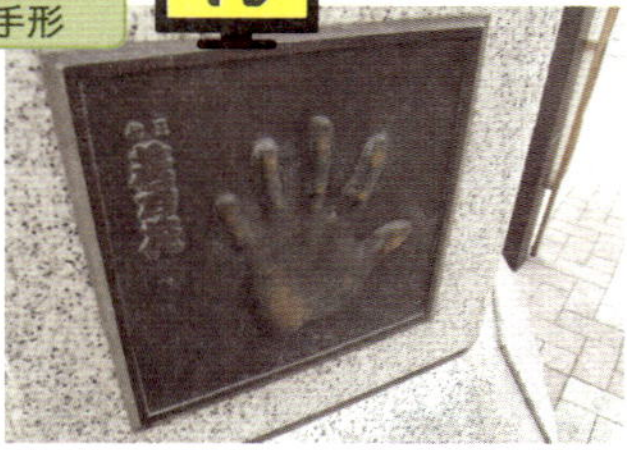

思わず、自分の手を合わせて大きさを比べたくなる！

活気あふれる駅前で
相撲スポットを発見

力士の手形

国技館通りの両脇に数カ所、横綱の土俵入りの小さなブロンズ像を囲むように、歴代の横綱たちの手形が飾られている。両国に到着したらまず立ち寄りたいスポット。これらの近くには観光案内所もある。

JR両国駅東口からすぐ

2 建物 TV

ずっしりと安定感のある佇まい。ここで数々の名勝負が生まれた。

街の中央に堂々と佇む
両国のシンボル的存在

両国国技館

1月、5月、9月は観覧券が必要！

1985年1月場所より、蔵前国技館に次ぐ3代目として大相撲東京場所の興行が行われるようになった。併設の相撲博物館では相撲関連の展示が。

土日祝定休／☎03-3622-0366（相撲博物館）／大相撲東京場所は1月、5月、9月／JR両国駅西口から徒歩1分

4 寺

明治の末期まで旧国技館が立ち、「回向院相撲」と呼ばれた場所。

歴史を影で支えた由緒ある無縁寺

回向院

勧進相撲興行の中心だった寺。「振袖火事」(明暦の大火)で亡くなった、身元不明の遺体を安置し、大法要を執り行なった場所でもある。時代劇でも有名な義賊・鼠小僧次郎吉の墓もある。

☎03-3634-7776／
JR両国駅西口から徒歩5分

5 街並み

現在は稲荷神社や井戸が置かれ、公園として整備されている。

かつての広大な屋敷がいまではミニ公園に

吉良邸跡

「忠臣蔵」で赤穂義士の討ち入りがあった、吉良上野介義央の上屋敷跡地。赤穂浪士が吉良の首を洗ったという井戸も残る。もとは広大な屋敷で、現在の敷地は当時の86分の1の大きさ。

JR両国駅東口から徒歩6分、地下鉄両国駅A4出口から徒歩8分

6 洋服

ウエスト170cmのジーンズや小錦が愛用したパンツも!

キングサイズ一筋 7Lの商品もそろう!

ライオン堂

キングサイズ専門の洋品店。体重100キロ以上の方向けの衣料を扱う。ジーンズからワイシャツまで豊富なラインナップで、どれも国産の特注品ばかり。

9:30〜18:30／日祝定休／
☎03-3631-0650／JR両国駅東口から徒歩7分、地下鉄両国駅A5出口から徒歩2分

7 相撲用品

迷路のような店内に、古今東西の相撲グッズが所せましと並ぶ。

必需品からグッズまで相撲関連商品がズラリ

相撲小物 両国 高はし

相撲用品・場所座布団の専門店。びんつけ油やふのりなど力士御用達の品のほか、両国土産がたくさん。オリジナルの「千社札」も作れる。

9:30〜19:00／☎03-3631-2420／
日定休(東京場所中を除く)／
JR両国駅東口から徒歩6分、地下鉄両国駅A5出口から徒歩2分

両国で見つけたお土産

軍配型お弁当箱

800円

おあつらえ布団と江戸相撲小物の店で見つけた2段重ねのお弁当箱。相撲観戦時にぜひ！
☎03-3631-2420
相撲小物 両国 高はし

あんこあられ

380円

太った力士を“あんこ”と呼ぶことから。あられの塩っ気とあんこがクセになる。
☎03-3631-3856
両国 國技堂

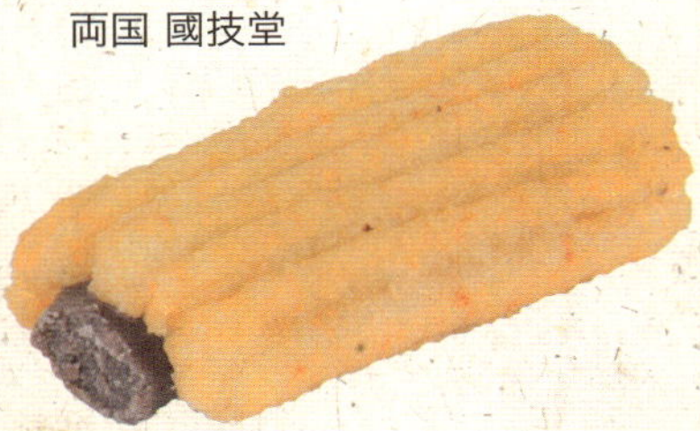

相撲絵手拭い（本染め）

900円

“一本背負”“小手投げ”など、四十八手の相撲の技が描かれている。同じ柄の扇子も人気。
☎03-3631-2420
相撲小物 両国 高はし

今日の一筆

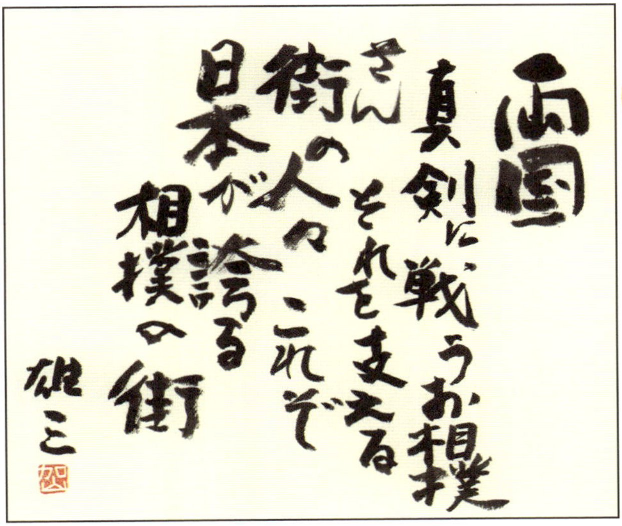
両国
真剣に戦うお相撲
さん それを支える
街の人々 これぞ
日本が誇る
相撲の街
雄三

力強いお相撲さんの街。大きなサイズの洋服にはとにかくびっくりしたよ。歴史を感じる場所もたくさんあったね。

懐かしい玩具に会える街

蔵前

おもちゃ問屋がひしめく蔵前の散歩コースで手に入れたいのは、昔ながらのブリキのおもちゃと最新のデザイナーズ雑貨！

ブリキのおもちゃ、
懐かしいなぁ！

1 玩具

TV

ベルを鳴らしながら動く「ニュースカブ（国産品）」（8190円）。

子どもの頃に遊んだ思い出の品を見つけて

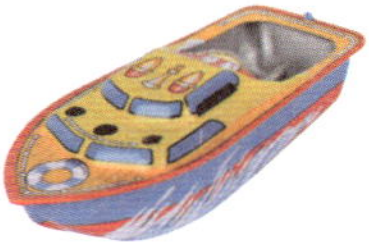

山縣《やまがた》商店

蔵前のおもちゃ街にある、国産のブリキのおもちゃや花火を扱う問屋。ポンポン丸やセミカチなど、子どもの頃を思い出させてくれる復刻版がそろう。

9:00〜17:00／土日祝定休／☎03-3862-3927／地下鉄蔵前駅A1出口からすぐ

TV は若大将が番組で訪れた場所

若大将が歩いたコースは…

1時間
3183歩
109Kcal

3 雑貨

TV

輪ゴムを動物形にかたどった「アニマルラバーバンド Zoo」が人気。

デザイナーの腕が光る ユニーク雑貨がズラリ

KONCENT《コンセント》

「デザインをもっと身近に」をコンセプトに、デザイナーや企業とコラボした商品を扱う。2カ月に1度内容が入れ替わるギャラリーも好評。

11:00〜19:00／月定休／
☎03-3862-6018／
地下鉄蔵前駅A1出口から徒歩1分

2 神社

TV

商売繁盛や火防の神として親しまれている。地元の参拝客も多い。

隅田川の船を見守る 由緒ある稲荷様

揖取稲荷《かじとりいなり》神社

若大将も もちろん参拝

慶長年間に創建。航海中に遭難しかけた船を稲荷様が助けてくれた、という逸話による。御祭神は倉稲魂神《うかのみたまのかみ》、御年神《おとしがみ》、豊受姫神《とようけひめのかみ》。

地下鉄蔵前駅A1出口からすぐ

4
書籍ほか
TV

創業以来変わらない築60年以上の建物も必見！

国内最多の品ぞろえ！
相撲の資料がびっしり

浅草御蔵前書房

江戸幕府関連の史料や雑誌、版画など貴重な本がそろう古書店。なかでも相撲に関する書物の品ぞろえにはびっくり。力士の色紙や手形も並ぶ。

8:00〜19:00／日祝定休／
☎03-3866-5894／
地下鉄蔵前駅A4出口からすぐ

5
神社
TV

厄除開運、家内安全、交通安全、商売繁盛などにご利益がある。

古典落語にも登場！
勧進大相撲発祥の地

蔵前《くらまえ》神社

現在の大相撲の始まりとされる“勧進大相撲”発祥の地。古典落語「元犬」「阿武松《おうのまつ》」の舞台にもなっている。新たに建立された「元犬像」も必見！

9:00〜16:00／
☎03-3851-0617／
地下鉄蔵前駅A6出口から徒歩2分

6
銀器
TV

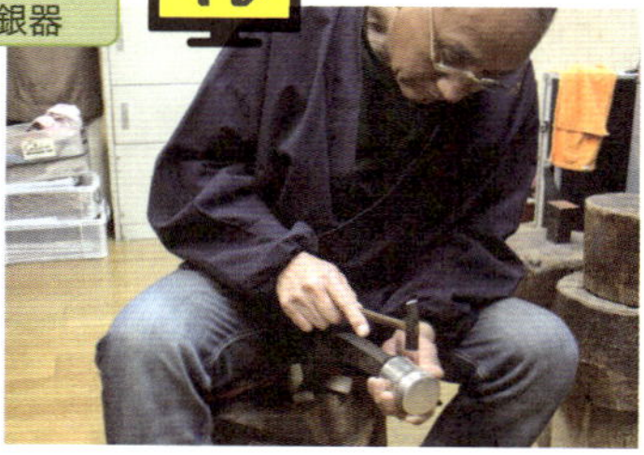

銀をたたいて形を整える。10年かかってようやく一人前とか。

職人が作る銀器に
若大将も感心！

日伸貴金属

伝統工芸・銀器を制作する工房。11代続く職人技で、製品をひとつひとつ手作りしている。見学・体験（要予約、初・中・上級コースあり）は職人技を間近で見られるチャンス！

☎03-5687-5585／
地下鉄蔵前駅A3出口から徒歩7分

7
商店街

揚げ物が1個60円〜、焼き鳥1本100円〜という安さ！

おかずの種類が豊富
毎日通いたい商店街

おかず横丁

全長230mの通りに惣菜、精肉など日用食料品を取り扱う店舗が連なる。その昔、町工場が栄えたこの界隈《かいわい》には、共働きの家庭が多く、おかずを売る店が重宝されていた名残りとか。

地下鉄新御徒町駅A4出口から徒歩9分

蔵前で見つけたお土産

ポンポン丸

525円〜

ロウソクでお釜をあたためて走らせるポンポン丸を原型にした昭和のおもちゃ。全7種がそろう。

☎03-3862-3927
山縣商店

Cupmen1 Hold on

840円

カップラーメンのフタを押さえるための人形。熱によって白く変化する姿も可愛い。

☎03-3862-6018
KONCENT

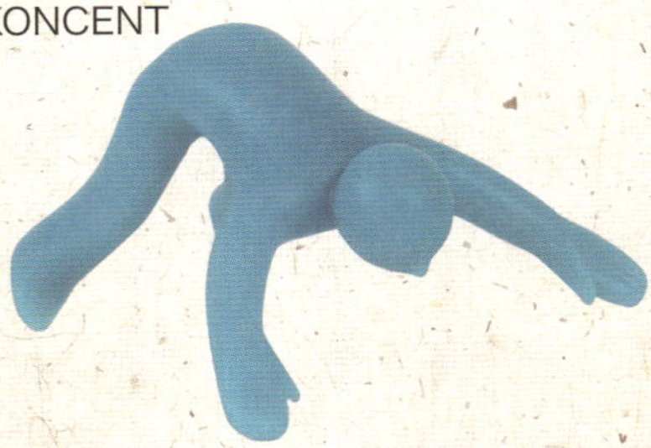

アニマルラバーバンド Zoo（6ピース）

315円

こう見えて、実は立派な輪ゴム。強く引っ張っても、しっかりもとの形に戻るのが不思議議。

☎03-3862-6018
KONCENT

今日の一筆

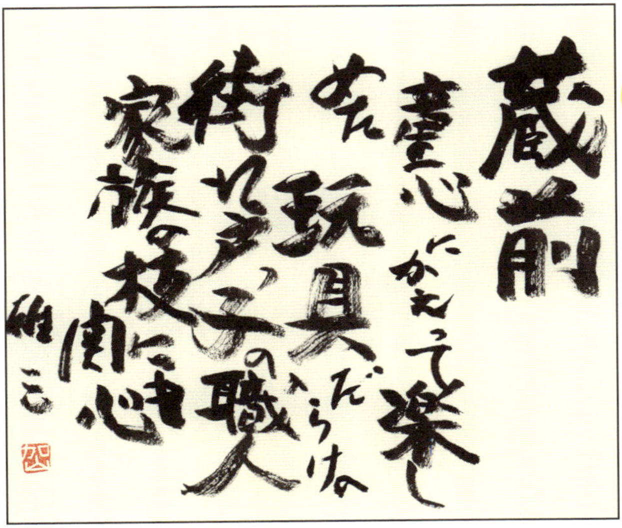

道幅が広くて歩きやすい通りに、おもちゃや、アイディアグッズのお店がたくさん並んでいて楽しかったな。

深川／門前仲町

【最寄り駅】
［深川］
●都営新宿線・大江戸線「森下駅」
●東京メトロ半蔵門線、都営大江戸線「清澄白河駅」
［門前仲町］
●東京メトロ東西線、都営大江戸線「門前仲町駅」

東京海洋大学にある明治丸。

岸本木彫刻で、江戸から続く木彫刻の技に見入る。

お不動様と八幡様
芭蕉が愛した門前町

「奥の細道」の旅に出る前に、松尾芭蕉が住んでいたのが深川。豊かな緑と川の流れ……、爽やかな川沿いの道を歩いてみると、芭蕉がこの街に庵《いおり》を持ったのも頷《うなず》ける。

さて、このあたりは深川不動堂と富岡八幡宮の門前町。かつては、漁師や職人が多く住んでいたという。近年では、ギャラリーや個性派の新店といったアートスポットが増えているのも特徴で、江戸の雰囲気と新しい空気が同居し、街全体に不思議な趣を醸《かも》し出している。

普段は閑静で落ち着いた街だが、深川不動堂の参道で縁日が行われる毎月1、15、28日は、街中に、お祭り好きな下町のエネルギーが満ちている。

隅田川を見晴らすのにぴったり。芭蕉庵史跡展望庭園。

王

深川のおえんま様。

芭蕉が愛した街。
人情あふれる、
いいところだね。

隅田川に面する歴史の街
深川

江戸から続く運河を眺めたら、清澄通りを散策の中心にしながら歩こう。人情味あふれる商店街も魅力！　街の人との会話も楽しみだ。

1
庭園

TV

芭蕉像は、午後5時になると回転し、隅田川を向く。

松尾芭蕉と並んで隅田川を望む

芭蕉庵史跡展望庭園

隅田川沿いの無料庭園。芭蕉像や俳句の投稿箱が置かれている。この付近に、かつて松尾芭蕉の庵があった。近くには、芭蕉記念館もある。

9:15〜16:30／第2・第4月定休（祝日の場合、翌火休み）／地下鉄清澄白河駅A1出口から徒歩6分

TV は若大将が番組で訪れた場所

若大将が歩いたコースは…

2時間半
3871歩
139Kcal

3 庭園

池の周りには、全国から集められた無数の奇岩名石が配されている。

泉水、築山《つきやま》、枯山水 明治の回遊式林泉庭園

清澄庭園

三菱財閥の創始者・岩崎彌太郎が購入した大名下屋敷の土地と周辺約3万坪に、岩崎家3代で完成させた。

9:00〜17:00（最終入園16:30）／無休（12月29日〜1月1日を除く）／一般150円、65歳以上70円、小学生以下と都内在住・在学の中学生は無料／☎03-3641-5892／地下鉄清澄白河駅A3出口から徒歩3分

2 袋物

象牙を削る、革を縫う、など全工程を手作業で行う。

現代の粋を追求 趣向を凝らした袋物

江戸袋物 和元

牛や蛇などの上質な革と、象牙を使った袋物を、ひとつひとつ注文を受けてから制作。伝統とモダンが融合したデザインで、和装にも洋装にも◎。

来店前は要問合せ／不定休／☎03-6458-5774／地下鉄清澄白河駅A1出口から徒歩6分

4
土産物

店内の随所に見つかる手書きの文字も味わい深い。

江戸下町の雰囲気漂う人情豊かな土産物屋

江戸みやげ屋　たかはし

玉すだれや手拭い、佃煮など、昔ながらの雑貨と食品がそろう。近所の子どもが店主に挨拶しに来るなど、懐かしい雰囲気にほっとする。

10:00〜19:00／
無休（臨時休業日を除く）／
☎03-3641-6305／
地下鉄清澄白河駅A3出口から徒歩2分

5
寺
TV

清澄白河駅で降りて、まず初めに立ち寄りたいところ。

大地蔵に長生き祈願！松平定信の墓所もある

霊巌寺《れいがんじ》

境内には、江戸六地蔵の一体で延命のご利益があるとされる3m近くの大地蔵が鎮座。そのほか、寛政の改革で有名な松平定信の霊廟もある。

8:00〜17:00／☎03-3641-1523／地下鉄清澄白河駅A3出口から徒歩3分

6
深川めし

深川めしと炊き込み、2つのミニどんぶりのセット。

アサリと味噌の相性が◎。深川の漁師が愛した味

深川宿

深川名物、深川めしの専門店。余計な味付けを一切せず、新鮮なアサリと、独自ブレンドの味噌で勝負！　散歩のおともには、弁当もおすすめ。

11:30〜19:00、日祝11:30〜17:00／
月定休（祝日の場合、翌火）／
☎03-3642-7878／
地下鉄清澄白河駅A3出口から徒歩3分

7
資料館

長屋の住人たちのプロフィールまで設定されている。

実物大で再現された江戸の暮らしを体感

江東区深川江戸資料館

江戸末期の深川の町を実物大で再現し、1日の情景を音と光で演出。実際に建物に入り、小物に触れられる。

9:30〜17:00（最終入館16:30）／第2・第4月定休（祝日の場合、翌平日）／入館料大人400円、小中学生50円※中学生以下は保護者同伴／☎03-3630-8625／地下鉄清澄白河駅A3出口から徒歩3分

深川で見つけたお土産

清澄ロール
1050円

ふわふわの生地と甘さ控えめの生クリーム。シンプルな味わいには男性ファンも多い！
☎03-3643-1805
パティスリー アン・ドゥ

友禅 お手玉（5個入り）
630円

深川めしの素、手ぬぐい、玉すだれなどが並ぶなか、懐かしいお手玉を発見。そのほかにも昔ながらのおもちゃがたくさん。
☎03-3641-6305
江戸みやげ屋 たかはし

クッキー、フィナンシェ
120円、140円

くるみ・ココア・イチゴと、品ぞろえが自慢のクッキーとふわふわのフィナンシェ。
☎03-3643-1805
パティスリー アン・ドゥ

今日の一筆

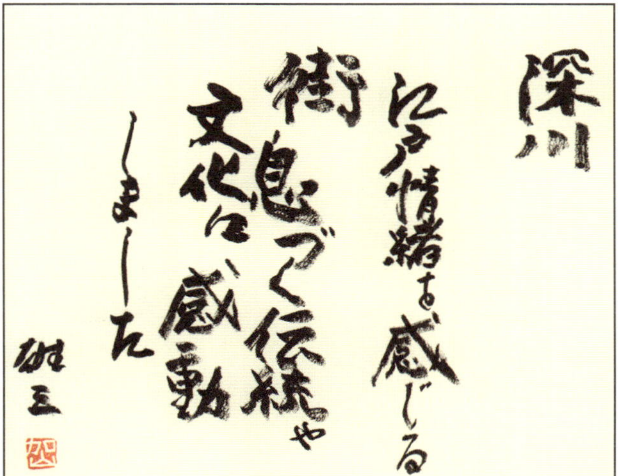
深川
江戸情緒を感じる
街 息づく伝統や
文化に感動
しました
雄三

江戸時代からの伝統の技を持っている方に出会ったり、古くからある美味しいものがあったり、江戸の粋を感じた！

不動さんと八幡さんの街
門前仲町

深川不動堂と富岡八幡宮、少し足をのばせば、深川ゑんま堂もある。移動の合間には、名店ぞろいの通りでグルメ散策を楽しもう。

1 和食

名物「富水定食」。新鮮な魚が刺身と天ぷらに！

新鮮な魚が味わえる活気ある地元の食堂
富水《とみすい》

70年以上続く魚屋「富岡水産」が営む食堂。新鮮な魚を食材にした、ボリュームたっぷりの定食が評判。魚の種類は季節や日によって変わる。

11:00～14:00、17:00～21:00(L.O.)、土日祝～20:00(L.O.)／月1回不定休／
☎03-3630-0697／地下鉄門前仲町駅1番出口から徒歩1分

TV は若大将が番組で訪れた場所

若大将が歩いたコースは…

2時間半

4832歩

164Kcal

3
橋

長さ15.7m、幅3mの小橋。橋の下は遊歩道になっている。

“渡れる”重要文化財 都内最古の鉄橋

八幡橋

1878（明治11）年、文明開化のシンボルとして日本橋の楓川に架けられたものが、1929（昭和4）年に移された。鋳鉄橋から錬鉄橋に替わる時期の遺構として重要文化財に指定されている。

地下鉄門前仲町駅1番出口から徒歩5分

2
神社

TV

資料館などもあり、街の歴史を知ることもできる。

豪華な大神輿と力士碑は必見！

富岡八幡宮

8月の「水かけ祭り」で有名な神社。神輿庫では、いくつもの宝石がちりばめられた、日本一大きくて豪華な大神輿を見物できる。

9:00〜17:00／☎03-3642-1315／地下鉄門前仲町駅1番出口から徒歩3分

4
古材など

TV

コンセプトは「床や壁もインテリアの重要な一部」とか。

外国の古材を販売する インテリアショップ

GALLUP《ギャラップ》

フローリングやドアなどの建材から、家具、小物まで幅広く扱う。金具などアンティークの質感を生かしたリプロダクト商品もある。

10:00～19:00／
無休（12月28日～1月3日を除く）／
☎03-5639-9633／
地下鉄門前仲町駅1番出口から徒歩5分

5
酒類

TV

第3土曜の昼過ぎには店先にベーゴマが。子どもでにぎわう。

店内での飲食オーケー 散歩途中の憩いの場

ここでひと休み

折原商店

酒好きが集う、アットホームな酒屋。北海道から九州まで、さまざまな地酒がそろう。店内商品はすべて有料試飲でき、おつまみも充実。

10:30～22:00／無休／
☎03-5639-9447／
地下鉄門前仲町駅1番出口からすぐ

6
寺

TV

護摩を受けたり、写経の体験ができたりと見どころ満載。

散歩の無事を祈って まずは大草鞋《おおわらじ》を拝みに！

深川不動堂

厄除け・開運・交通安全祈願に。本堂正面の大草鞋は、参拝者の足の災いを払うためのもの。あちこちに、足腰の健康を願う絵馬がかけられている。

8:00～18:00（縁日は7:00～20:00）／
☎03-3641-8288／
地下鉄門前仲町駅1番出口から徒歩3分

7
寺

賽銭を入れると、閻魔様が仏の説法を語り出す！

毎月1・16日は開帳日 閻魔《えんま》様の説法が聞ける

深川ゑんま堂として有名

法乗院

全高3.5m、幅4.5mの巨大な閻魔像の左の手には、地蔵菩薩像が乗っている。かつては運慶作の像があり、江戸三閻魔にも数えられていた。

9:00～17:00／☎03-3641-1652／地下鉄門前仲町駅6番出口から徒歩3分

門前仲町で見つけたお土産

どらやき

210円

1850年（江戸時代）創業の老舗。人気のどらやきは、明治の初めに考案されたもの。ぺったんこの珍しい形で、噛むほどに香ばしい。

☎03-3551-4660
梅花亭

仏足 足腰御守

500円

お釈迦様の足の裏をイメージ。長寿や健康、心丈夫に暮らすためのお守り。

☎03-3641-8288
深川不動堂

駄菓子各種

11円〜

駄菓子や玩具が並ぶ酒屋で見つけた、懐かしい品々。散歩の途中、童心に返って選びたい。

☎03-5639-9447
折原商店

ふきあげパイプ
カット よっちゃん

今日の一筆

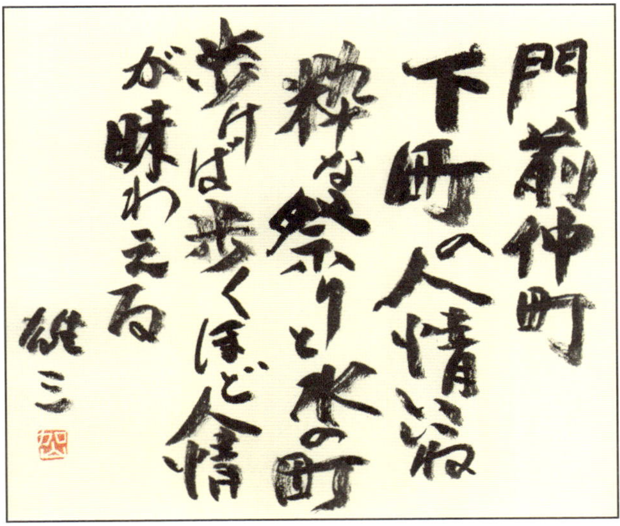
門前仲町
下町の人情いいね
粋な祭りと水の町
歩けば歩くほど人情
が味わえる
雄三

人情味あふれていてこの街が大好きになったよ。ちょっと歩けば明治丸もあって、乗船できたのが感激だったな。

谷根千エリア

〝散歩初心者〟にイチ押しの下町

　ＪＲ日暮里駅から谷中銀座商店街周辺、地下鉄千駄木駅と団子坂下周辺、地下鉄根津駅から谷中の寺周辺は、〝谷根千〟と呼ばれ、多くの散歩ファンに愛されているエリア。

　浅草や上野など、観光客であふれかえる街ともちょっと違う、のんびりとした時間が流れる独特な雰囲気が魅力だ。

　江戸時代には多くの寺院が集められ、いまでも、情緒あふれる風景が楽しめるのが特徴。名店が隠れた路地に迷い込んだり、歴史ある建築や名所を訪ねたりしているうちに、まるで時間の流れが止まったかのようなノスタルジックな気持ちになれる。

　長屋の軒下や路地裏、緑あふれる寺の境内などでは、猫たちがのんびり寛ぐ姿に出会える。

　アーティストにも好まれる街なので、ギャラリーも多く点在。散策の休憩タイムに立ち寄りたい、古民家を改装したカフェや喫茶店もたくさんあり、一日中居ても飽きない散歩町だ。

谷 根 千 人気スポット3

1 国の重要文化財が8つ！ 根津神社

　現存する江戸の神社建築で最大規模を誇る神社。創祀は、日本武尊（ヤマトタケルノミコト）とも伝えられ、社殿は、徳川5代将軍綱吉が、世継ぎが決まった際に建立した。緑豊かで厳かな雰囲気に、心があらわれる。

文京区根津1-28-9　地下鉄根津駅から徒歩7分
6:00～17:00（夏季は5:00～18:00）

2 約10haの広大な敷地！ 谷中霊園

　1874（明治7）年に開設された、広大な霊園には、横山大観や渋沢栄一など多くの著名人が眠っている。中央園路は桜並木で、春は花見客でにぎわう。園内には、東京スカイツリーが望めるポイントも。カメラを持って出かけたい。

台東区谷中7-5-24　JR日暮里駅から徒歩3分
入園時間は自由

3 約60店舗が軒を連ねる！ 谷中銀座商店街

　谷根千エリアに住む人々の暮らしを支える商店街。散策に訪れる観光客も多く、連日活気にあふれている。下町の風情が感じられる通りには、惣菜屋や菓子の名店などが並び、食べ歩きするのも楽しい。

JR日暮里駅から徒歩3分

谷中

下町情緒あふれる谷中銀座商店街の入り口。

【最寄り駅】
●山手線、京浜東北線「日暮里駅」「鶯谷駅」
●東京メトロ千代田線「根津駅」「千駄木駅」

下町情緒たっぷり！江戸の景色を残す寺町

ＪＲ日暮里駅から地下鉄千代田線の千駄木駅までを結ぶ、谷中銀座を中心とする地域。「夕やけだんだん」の愛称で知られる階段から街を見下ろせば、今も昔と変わらない下町情緒たっぷりの街並みが広がる。

江戸時代、市街地の拡張にともなって神田から多くの寺院が移転し、この地に集められた。徳川一門の墓が残る谷中霊園など、江戸・徳川家にゆかりの深い神社仏閣が点在し、タイムスリップしたかのような気分を味わえる。

また、街を歩いていると、ぼんやりひなたぼっこをしている〝谷中猫〟にも出会える。

ここは、人にも猫にも居心地が良い、のんびりとした時間が流れる街だ。

下町の風情の良さがたくさん残っている街だね。

下町情緒あふれる寺町

谷中

江戸時代から寺町を中心に発展した、夕焼けが似合う情緒ある下町。わき道を進めば、生活に密着した古い木造建築が昔のままの姿で……。

N
至西日暮里
本行寺
東口
常磐線・山手線・京成本線
西口
日暮里駅
セブン - イレブン
一都せんべい
南口
朝倉彫塑館
1
天王寺
蔵院
谷中霊園
2
了俒寺
3
音寺の
築地塀
功徳林寺
常在寺
観智院

いろんな店が
点在しているね。

1
寺
TV

山門をくぐるとすぐ左手に、おだやかな表情の大仏像がお出迎え。

谷中散歩のスタート！
毘沙門天と大仏様

天王寺

江戸時代には宝くじの前身とも言われる「富くじ」の興行により、多くの人でにぎわったそう。谷中七福神めぐりのひとつ、毘沙門天が祭られている。

JR日暮里駅南口からすぐ

TV は若大将が番組で訪れた場所

若大将が歩いたコースは…

2時間

3761歩

128Kcal

もんじゃ大木屋
4
延命
肉のサトー
福島商店
タやけ
6 谷中銀座商店街
雨彦
5
ひみつ堂
よみせ通り
宗林寺
長明寺
よみせ通り
診療所
竜泉
谷中(3)
谷中コミュニティセンタ
東京成田山
伊藤歯科医院
加納院
指人形笑吉工房
7
立善寺
大圓寺
福相寺
安立
老人ホーム
谷中
全生庵
谷中小
三崎坂
100m

3 街並み TV

谷中霊園のさくら通りを抜け、谷中銀座商店街へむかう途中に見つかる。

住宅街の一角で発見 寺町・谷中らしい街並み

観音寺の築地塀《ついじべい》

観音寺の南面を守る築地塀。古い土と瓦を重ねて造られた外観が、寺町・谷中を代表する景観として、街の人たちに親しまれている。

☎03-3821-4053（観音寺）／JR日暮里駅南口から徒歩8分

2 霊園 TV

木漏れ日が心地いい。春には桜が満開となり、花見客が集まる。

歴史上の偉人が眠る 墓地で木漏れ日散歩

谷中霊園

長谷川一夫をはじめ、横山大観や渋沢栄一など、数多くの著名人が眠る霊園。広い敷地の中を、偉人の墓を探して歩くのも面白い。

☎03-3821-4472／JR日暮里駅南口から徒歩3分

4
鉄板焼き
TV

店の方が鮮やかな手順で、肉の塊を焼き上げる！

若大将も太鼓判を押す
巨大ステーキが名物

もんじゃ大木屋

こだわりのもんじゃを含むコース料理(5名～)が堪能できる。とくに、数多の食通たちを唸らせてきた名物“巨大ステーキ”は唯一無二の美味しさ！

【完全予約制・完全二部制】18:00～、20:15～／不定休／☎03-3828-4740／JR日暮里駅西口から徒歩5分

5
甘味

ふんわりとした氷とイチゴが相性抜群の人気メニュー。

自分だけのヒミツにしたい!?
路地裏のかき氷専門店

ひみつ堂

旬の果物や甘味を使ったかき氷のメニューは全部で100種類以上。旬の果物を生のまま使用した蜜は、みずみずしさが口いっぱいに広がる。

10:00～20:00(秋～冬は18:00閉店あり)／月定休(10～4月は月・火定休)／☎03-3824-4132／JR日暮里駅西口から徒歩4分

6
商店街
TV

老舗から個性派まで、約600店舗が軒を連ねる。

夕焼けの似合う商店街
食べ歩きも楽しい

谷中銀座商店街

昭和レトロな街並みが残る商店街。店舗の個性にあわせた手彫り看板など、工夫が凝らされた街並みは、訪れる人たちの心を掴んでやまない。

JR日暮里駅西口から徒歩3分

7
指人形
TV

粘土で自在に似顔を作る、似顔人形のオーダーも受付け。

思わず笑いがこぼれる
表情豊かな指人形

指人形笑吉工房

ユーモラスな「笑吉さん」の指人形のほか、有名人の似顔人形も並ぶ。3人以上集まれば、指人形のパフォーマンス(1回大人500円)も楽しめる。

10:00～18:00頃まで／月火定休(祝を除く)／☎03-3821-1837／JR日暮里駅西口から徒歩9分

谷中で見つけたお土産

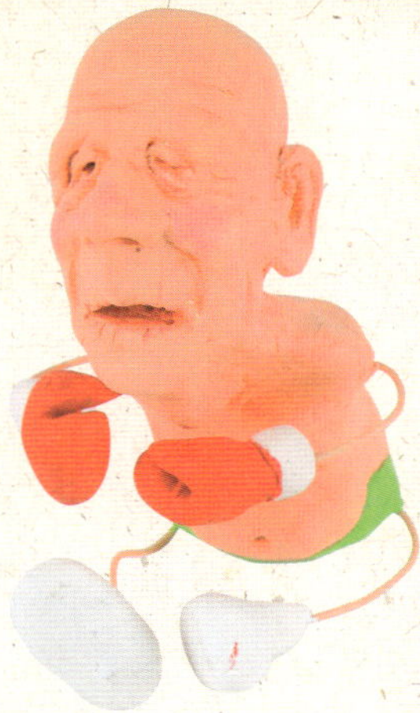

ファイター笑吉

3500円

看板キャラクター"指人形 笑吉"の壁飾り。「キモカワイイ」と、若い人の間で人気！
☎03-3821-1837
指人形笑吉工房

谷中メンチ

150円

谷中銀座商店街で見つけた素朴なメンチカツ。お肉がぎっしりで、旨みが凝縮されている。
☎03-3821-1764
肉のサトー

ポストカード

150円

ほっこりするポストカードの一番人気は、やはり笑吉のデザイン。ほかに全16種がそろう。
☎03-3821-1837
指人形笑吉工房

いつだって
笑ったもん勝ち
笑吉

今日の一筆

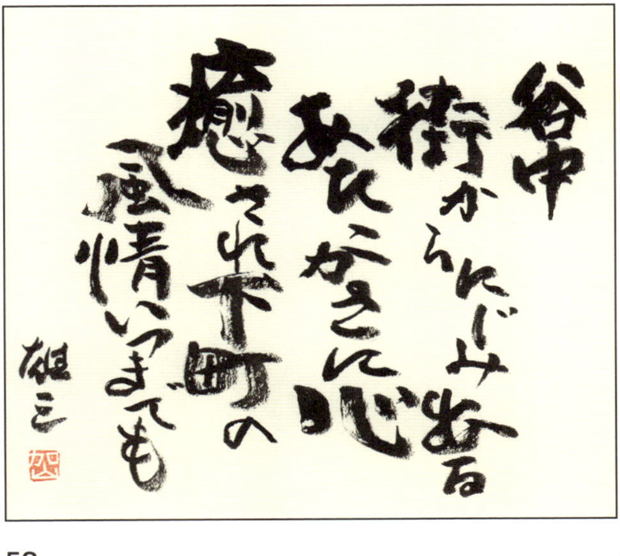
谷中
街からにじみ出る
あたかさに心
癒された下町の
風情いつまでも
雄三

人情味あふれる街でした。店が多くて食い倒れにもぴったり。この街が散歩ファンに人気なのもわかるなぁ。

根津

5月頃には、つつじの花が庭いっぱいに咲き乱れる。

【最寄り駅】
●東京メトロ千代田線「根津駅」

職人の心意気と歴史ロマンが息づく下町

根津の魅力は関東大震災や空襲で焼け残った地域が多く、長屋造りの木造建築や初期の西洋建築が地域の生活に密着したかたちで、その姿を現代に残しているところにある。

昭和初期、界隈には縫製工場などの町工場や、手作業で巧みに仕事をこなす、ものづくりの職人たちが集まった。古くからの伝統文化は町民の手によって守り抜かれている。

街のほぼ中央に位置するのは根津神社。江戸の5代将軍綱吉の時代、直系の血筋ではない家宣《いえのぶ》が後継ぎとなったため、その氏神として、日枝神社、神田明神と並ぶ規模に造営された。広大な敷地にそびえ立つ豪奢な社殿に、歴史のロマンを感じる。

小さくて
可愛いモノと
出会える場所だね。

谷根千

1 寺 TV

庭には、第58代横綱千代の富士の、等身大の銅像がある。

千代の富士にも会える
若大将お気に入りの寺

玉林寺

言問《こととい》通り沿いに位置する。1591（天正19）年に創建された古刹で、本堂裏には、都の天然記念物にも指定されている樹齢600年の大木がある。散歩の途中に立ち寄る人も多い。

地下鉄根津駅1番出口から徒歩4分

2 筆 TV

リス毛、尾長鶏やクジャクの羽毛など、特殊な素材の筆が並ぶ。

戦前より筆を作る
筆職人の逸話を聞きに

田辺文魁堂

1934（昭和9）年創業の筆専門店。注文販売が主で、対面で話を聞きながら穂首の微妙な調子を計算して筆を作る。なかには、1本数万円以上の筆も。

9:30〜18:30／第1・3土日定休／☎03-3821-5720／地下鉄根津駅1番出口から徒歩6分

3 ペン画 TV

市販のボールペン4種のみで描くペン画。筆圧で濃淡をつける。

谷根千の情景を写す
細密ペン画の巨匠

スギヤマ・アートルーム

写真と見まがうような緻密なペン画を描く杉山八郎さんの店舗兼ギャラリー。生まれも育ちも谷根千で、長年、下町の情景を写しとっている。

9:00〜17:00／無休／
☎03-3823-3366／
地下鉄根津駅1番出口から徒歩4分

4 パン TV

路地裏のこぢんまりとした店。購入は窓越しにどうぞ。

路地裏で出会える
とっておきのパン

ボンジュールモジョモジョ

マンガの世界から飛び出したような動物パンを販売。一度食べたら忘れられない、ミルクたっぷりの懐かしい味。一番人気はクリーム入りのうさぎさん。

9:00〜売り切れまで／月火定休・他不定休／
地下鉄根津駅1番出口から徒歩5分

TV は若大将が番組で訪れた場所

豊かな自然と歴史ロマンの街

根津

大通りをひと筋入れば、閑静な住宅街と豊かな自然が広がる。地域の暮らしの中に、伝統文化とものづくりの精神が引き継がれている。

頤神院
領玄寺
蓮華寺
本妙院
上野桜木(4)
多宝院
浄延院
長久院
N
感應寺
上野桜木(6)
大名時計博物館
金嶺寺
大行寺
妙行寺
デニーズ
一乗寺
スギヤマ・
ートルーム
谷中(1)
谷中六丁目
佛心寺
2
台東桜木局
臨江寺
玉林寺
1
信行寺
田辺文魁堂
瑞松院
本壽寺
根津(1)
天眼寺
上野高
池之端(4)
清水坂
根津一丁目
クラシックガーデン
文京根津
柴原医院
根津駅
2
至 湯島
池之端(3)

心温まる光景が
印象的だね。

5
神社

TV

驚くほど広大な境内。まるで、時が止まったかのよう……。

つつじが咲き誇る神社 おごそかな時が流れる

根津神社

江戸幕府6代将軍家宣の氏神。災害や戦火を逃れ、江戸からの文化財が多く残っている。5月頃には、つつじの花が境内いっぱいに咲き乱れる。

6:00～17:00（夏季5:00～18:00）／☎03-3822-0753／地下鉄根津駅1番出口から徒歩7分

谷根千

若大将が歩いたコースは…

2時間半

4118歩

140Kcal

7
教会

講談やバザーなどイベントも目白押しで、地域の人たちが集まる。

歴史ある街の教会
夕日に映えるブルー
根津教会

ブルーの外観が美しい礼拝堂は大正8年の建築。こぢんまりとした室内でアーチ形の天井を見上げれば、当時の雰囲気がそのままに感じられる。

主日礼拝は日曜10:30〜、夕礼拝は日曜18:00〜／無休／☎03-3821-6342／地下鉄根津駅1番出口から徒歩3分

6
うどん

歩いた後は冷たいぶっかけ。
つくりたてをズズッと。

下町の食通もうなる
もちもち食感のうどん
根の津

温冷二種うどんがおすすめ

銀座の老舗うどん店で修業をつんだ店主がつくるさぬきうどんの名店。温度管理を徹底して加水率を高め、もちもちとした食感を引き出している。

11:00〜15:00、17:30〜21:30（L.O.21:00）／月定休／☎03-3822-9015／地下鉄根津駅1番出口から徒歩4分

根津
で見つけた
お土産

揚げてない
根津土産
焼かりんとう
YAKI-KARINTO

焼かりんとう

630円

特注の黒糖を使った、油で揚げていないかりんとう。サクサクとした軽い食感が美味。
☎03-3827-7070
(株) 焼かりんとう本舗
根津神社表門前店

たい焼き

140円

薄皮のパリパリ感が人気。食べやすいサイズで、甘さ控えめのあんがぎっしり詰まっている！
☎03-3823-6277
根津のたいやき

動物パン各種

160円～

パン生地が甘くてやわらかいと好評。こしあん、ベーコンポテトなど具材もさまざま。
☎非公開
ボンジュールモジョモジョ

こしあん

今日の一筆

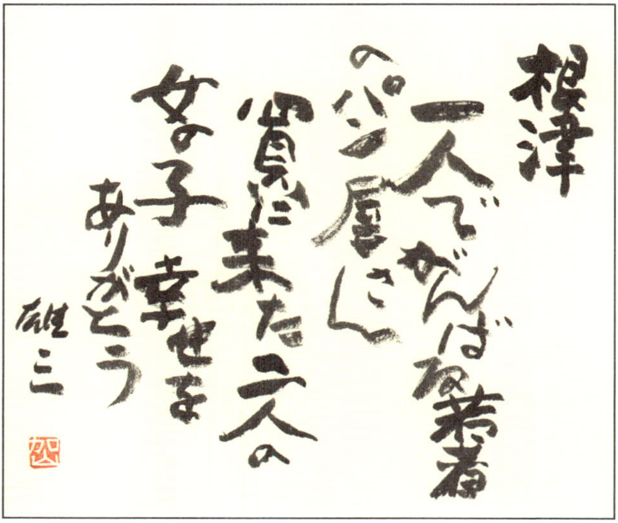

根津
一人でがんばる若者
のパン屋さん
買いに来た二人の
女の子 幸せを
ありがとう
雄三

この街の人懐っこさが僕は大好きになりました。昔懐かしい風情も印象的だし、忘れられない散歩道になったよ。

千駄木

須藤公園。こぢんまりとした敷地で小散歩が楽しめる。

【最寄り駅】
東京メトロ千代田線「千駄木駅」

文豪たちが愛した下町の風景が今も残る

千駄木は、下町の風情あふれる街並みが残る地域。森鷗外や北原白秋、高村光太郎など、明治の文人が多く居をかまえ、サロンを開いて活発に交流した。夏目漱石の『吾輩は猫である』が千駄木57番地の自宅で執筆されたのは有名な話。この地を舞台に近代日本文学の歴史が形成されたと言っても過言ではない。

また、団子坂、三崎《さんさき》坂、道灌《どうかん》山など、いくつもの坂が集まる土地でもあり、息をきらしながら坂を登ってゆくと、閑静な住宅街の中に文人たちの残した詩碑や名跡を発見することができる。鷗外が立案した明治の地図「東京方眼図」の複製版を片手に、古い街並みを思い描きながらの散策はいかが？

良いものは
時代に関係なく
残り続けるね。

文豪たちが愛した街

千駄木

明治の文豪が居をかまえ、この地から多くの文学作品が生まれた。四方に伸びる坂を行けば、文豪たちが愛した静かな街並みに出会える。

親しみを持って迎えてくれる町。

1 飴 TV

イメージキャラクター「あめぴょん」の飴細工が可愛い。

キラリ職人技が光る 日本伝統の飴細工

あめ細工 吉原

番組では若大将の似顔絵飴細工も！

江戸の技法を現代に受け継ぐ、日本伝統飴細工の専門店。飴を熱して、まだやわらかいうちに手早く細工をほどこす職人技は、一見の価値あり。

12:00〜19:00（実演販売受付は18:00まで）／月火定休／
☎03-6323-3319／地下鉄千駄木駅1番出口から徒歩3分

TV は若大将が番組で訪れた場所

若大将が歩いたコースは…

2時間半
3403歩
116Kcal

3
公園

読書する人、散歩する人、それぞれの時間を楽しんで。

下町のオアシス ここだけでも十分散歩道
須藤公園

こぢんまりとした敷地に、池や藤棚、高さ10メートルから流れ落ちる滝が配置され、小散歩が楽しめる。回遊式の大名庭園を模してつくられた。

文京区役所みどり公園課
☎03-5803-1252／
地下鉄千駄木駅2番出口から徒歩2分

2
資料館

往時には遠くに海が見えたため「観潮楼」と名づけられたそう。

近代日本文学の息吹が 感じられる展示室
文京区立森鷗外記念館

森鷗外生誕150周年を記念して、旧居「観潮楼」跡地に建てられた。常設展示では、自筆原稿や書簡、写真などで鷗外の生涯が辿《たど》れる。

10:00〜18:00（最終入館17:30）／第4火定休
☎03-3824-5511／地下鉄千駄木駅1番出口から徒歩5分

4 商店街

TV

豆腐やつけもの、コロッケ、おでん種。老舗商店が味を競う。

地元住民の生活を支える 地域密着型の商店街

よみせ通り商店街

1920（大正9）年に暗渠《あんきょ》となった藍染川の上にできた商店街で、その名は多くの夜店でにぎわったことに由来する。通りに沿って約100店が並び、生活必需品がなんでもそろう。

地下鉄千駄木駅2番出口から徒歩5分

5 地蔵

TV

地元の人に愛されるお地蔵様。いつも線香の煙が絶えない。

地元住民の暮らしを見守る 商店街のシンボル

延命地蔵尊

長野県に約370年前から安置されていた評判の地蔵尊が、1933（昭和8）年、千駄木の地に。毎月24日には縁日が立ち、商店街で福引きができたり、多くの露店が並んでにぎわう。

地下鉄千駄木駅2番出口から徒歩5分

6 箱風呂

TV

店内に一歩入ると、天然木のかぐわしい香りが鼻をくすぐる。

明治中期から続く 匠の伝統製法

こだわりの逸品！

伊藤風呂店

ひとつひとつ手づくりで箱風呂（木でつくった風呂）を手掛ける職人の店。木曽さわらでつくった木桶やお櫃《ひつ》など、こだわりの小物も並ぶ。

9:30～19:00／日祝定休／
☎03-3821-4123／
地下鉄千駄木駅1番出口から徒歩6分、地下鉄根津駅1番出口から徒歩4分

7 資料館

千駄木小学校そば。好奇心に瞳を輝かせた子どもたちが集まる。

子どもの夢がいっぱい 昆虫先生がいるところ

虫の詩人の館

世界各地の珍しい虫の標本を収蔵。「都内でもおよそ50種類の蝶がいます」との館長先生の言葉に、思わず興味をかきたてられる。

13:00～17:00※土日のみ営業／
無料／☎03-5815-6464／
地下鉄千駄木駅2番出口から徒歩9分

千駄木で見つけたお土産

セッケン台

5250円

江戸時代から受け継がれた職人技が光る木製の風呂道具。湯アカがつきにくいと評判。

☎03-3821-4123

伊藤風呂店

コロッケ

80円

肉の味がしっかり味わえる、精肉店のコロッケ。散歩のお供に出来立てをどうぞ。そのほかの揚げ物、パンも人気。

☎03-3821-0071

ヤマネ肉店

飴細工（あめぴょん）

945円

店の人気マスコット。そのほか動物や花などがあり、オーダーメイド飴細工も好評。

☎03-6323-3319

あめ細工 吉原

今日の一筆

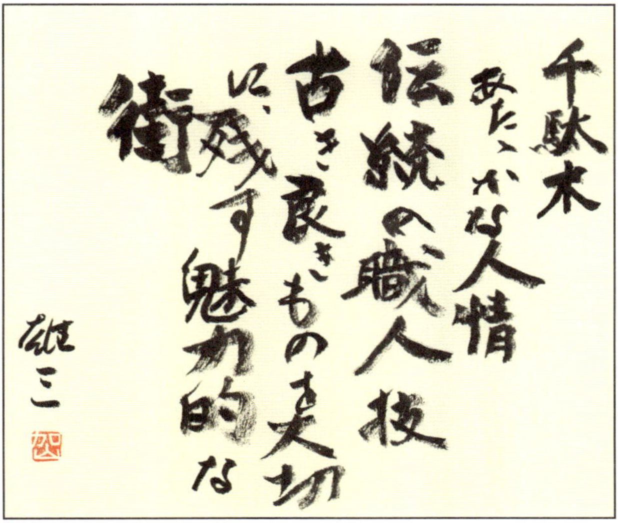
千駄木
あたゝかな人情
伝統の職人技
古き良きものを大切
に、残す魅力的な
街
雄三

街の人が親しみを持って接してくれるのが嬉しかったな。陶器の人形、飴細工、ひのきのお風呂……。見どころも満載！

築地

【最寄り駅】
●都営大江戸線「築地市場駅」
●東京メトロ日比谷線「築地駅」

青果物も並ぶ。

通りに店がびっしり。

試食もたくさん。

銀座から歩いて15分 活気あふれる市場の街

築地界隈は、江戸時代に海を埋め立てて形成された場所。辺り一帯に漂う磯の香りが、その名残りであるのは言うまでもない。

とにかく人の多さに圧倒される場外市場には、海産物を扱う店を中心に個性豊かな店がひしめく。一軒一軒、勧められるまま試食の品を食べているだけでも、お腹いっぱいになってしまうほど。

かつては魚屋や料亭などプロ以外の出入りが禁止されていた場内市場も、いまでは、その雰囲気を楽しむだけなら足を踏み入れても大丈夫。広い通路をスイスイと走る、ターレットと呼ばれる運搬車の邪魔をしないように気をつけながら、独特の喧騒を味わってみるのも楽しい。

活気あふれる築地市場。

ふぐ料理

ターレットが走る。

でっかい包丁!!
驚きにあふれた
楽しい街だね。

磯の香り漂う市場の街

築地

喧騒に圧倒されそうになりながらも、気後れせずに散策を楽しみたい。市場関連の衣料品を売っている店もあり、Tシャツも〝ネタ〟が豊富。

1
市場

TV

扱われている水産物は、1日当たり約2000トン！

海産物などを扱う世界最大級の市場
築地市場

1935(昭和10)年、日本橋にあった魚市場と、京橋にあった青果市場が移り開場。都内11カ所の中央卸売市場の中で最も歴史が古い。

地下鉄築地市場駅A1出口からすぐ

TVは若大将が番組で訪れた場所

若大将が歩いたコースは…

2時間
4528歩
154Kcal

3 神社 TV

災難除・厄除・商売繁盛・工事安全等の御神徳に崇敬が厚い。

災難を除き、波を乗り切る神社

波除《なみよけ》稲荷神社

かつて築地一帯が海だった頃に、光を放って海面を漂っていたとされる御神体が祭られているとか。毎年6月に行われる「つきじ獅子祭」も有名。

☎03-3541-8451／地下鉄築地市場駅A1出口から徒歩5分

2 街並み TV

早朝のにぎわいが過ぎれば、すっかり落ち着いた雰囲気に。

寿司屋だけでも12店 約140店舗がズラリ！

場内市場 魚がし横丁

料理人や業者のための食事処などの店舗が並ぶ。寿司屋の数だけでも12店舗で、そのほかの飲食店約40店などとあわせて、約140もの店舗が立ち並ぶ。

地下鉄築地市場駅A1出口から徒歩1分

4
マグロ
TV

「吟選生本鮪」は2000円で小鉢とお新香つき。

朝一で食べたい

獲れたての生マグロに
若大将も舌鼓！

鮪おか戸築地食堂

絶品のマグロを食べさせてくれる有名店。コストパフォーマンスが高く、客のほとんどが、長年通い詰めている常連なのも頷ける。

8:30〜14:30／日定休／☎03-3544-7440／地下鉄築地市場駅A1出口から徒歩4分

5
包丁
TV

店内には、製法や材質が異なるたくさんの種類の包丁が。

巨大な鮪包丁に驚き！
料理のプロ御用達の店

築地正本場外店

本職料理用から家庭向けまで、和洋どちらの包丁も幅広い品ぞろえ。研ぎ方や手入れの仕方についても丁寧に教えてくれるのが頼もしい。

6:00〜15:00／
日祝定休、市場休市日は休み／
☎03-3541-8000／
地下鉄築地市場駅A1出口から徒歩4分

6
資料館

築地の喧騒から離れた静かな場所。じっくり見学したい。

最新デジタル技術で
築地の錦絵を再現！

築地よりみち館

江戸から明治にかけて描かれた築地の錦絵の複製画のほか、マグロのセリや解体の現場など、現在の築地市場の写真を展示している。各種催し物もあり。

8:00〜23:00／無休／☎03-3541-6521／無料／地下鉄築地駅1番出口から徒歩4分

7
寺
TV

毎月最終金曜のお昼は、パイプオルガンのコンサートも。

荘厳な雰囲気と
圧倒的な存在感に感動

築地のランドマーク！

築地本願寺

江戸時代に浅草付近に建立されたのがはじまり。明暦の大火や、関東大震災での度重なる本堂焼失を受け、現在はインド様式の石造りが採用されている。

6:00〜16:00／☎03-3541-1131／地下鉄築地駅1番出口からすぐ

築地で見つけたお土産

ウロコ印河岸Tシャツ

1990円～

「脂がのってます」のユニークな文字が入った特製Tシャツ。外国人にも好評。

☎03-6908-1568
伊藤ウロコ

脂がのってます

特製羊羹 夜の梅（1本入）

3150円

大納言が入った小倉羊羹。しっとりした舌触りと、上品な甘みが特徴。その他、抹茶、黒糖入り、本練の全4種。

☎03-3541-0776
塩瀬総本家

志ほせ饅頭（9個入）

998円

じょうよ芋（やまと芋、山芋など）を使った蒸し菓子。ふわっとやわらかい食感がいい。

☎03-3541-0776
塩瀬総本家

今日の一筆

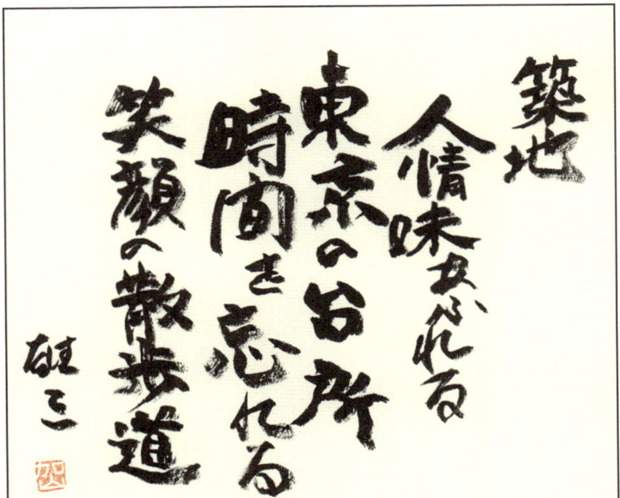
築地
人情味あふれる
東京の台所
時間を忘れる
笑顔の散歩道
雄三

こっちまで熱くなっちゃうくらいの活気。市場の大混雑と本願寺の静寂、両極端が1度に楽しめた！

佃・月島

【最寄り駅】
●東京メトロ有楽町線、都営大江戸線「月島駅」

ャラリー・@btf。オシャレな雑貨がいっぱい。

屋形船の係留場。

新旧の街並みが融合！ 昭和の街へタイムスリップ

東京名物「もんじゃ焼き」の発祥地として有名な月島界隈は、東京23区のほぼ中央に位置する。メインとなる西仲通り商店街（通称・月島もんじゃストリート）には、路地裏も合わせると、約80軒ものもんじゃ焼き専門店が軒を連ねる。

そんな月島は、明治中期に、佃煮発祥の地として知られる佃島の隣に、埋め立てによって造られた街。そもそも佃島は、徳川家康の信任を得て移住した、大坂・佃村の漁民たちが作った島で、戦災を逃れた木造建築が多く、昭和の香りを色濃く残した街だ。

佃の古風な街並みと、新たにできた月島の近代的な高層マンション群が混在し、独特の雰囲気を醸し出しているエリアだ。

佃・月島

観光客の目当ては、やっぱりもんじゃ！

スポーツ祭東京2013
2020年オリンピック・パラリンピックを日本で！

つくしやのもんじゃ。具材の組み合わせを楽しもう！

屋形船が浮かぶ
のんびりした光景。
落ち着くなぁ。

下町グルメの街！
佃・月島

もんじゃ焼きに佃煮、東京の下町グルメを存分に堪能したら、隅田川の向こう側の築地まで、隅田川沿いを歩いて行きたい。

N
隅田川
東京メトロ有楽町線
佃大橋
月島(1)
天安本店
2
surou tsukishima
5
漆芸中島
1
月島
幼稚園
佃天台
地蔵尊
佃(1)
佃小橋
3
住吉神社
4
月島
もんじゃ
振興会
協同組合
7
8
6
月島駅
月島駅
5
3
セブン‐イレブン
佃島小
佃中
初見橋
4
1
2
佃(2)
佃二丁目
中央佃局

もんじゃ初体験！
ヤミツキになる!?

1
漆器など

TV

昔ながらの趣ある外観。商品が店頭に並ぶ。

第11代目の店主が守る
300年続く伝統工芸

漆芸中島

最高級の江戸漆器や八角箸などの製造・販売を行なう。江戸から続く老舗だからこそ、入手困難な銘木など、品質の良い材料が代々残っている。

10:00〜18:00／不定休／☎03-3531-6868／地下鉄月島駅6番出口から徒歩4分

TV は若大将が番組で訪れた場所

若大将が歩いたコースは…

2時間
4549歩
154Kcal

3
神社

TV

境内の鳥居には陶製の額が。題字は有栖川宮熾仁親王の筆によるもの。

海上安全、渡航安全の守護神として信仰される

住吉神社

祭式、祭礼、社殿造営に関するものや、佃島の昔の人々の暮らし、神社の推移を示す歴史的なものなど約1000点の貴重な資料がそろう。毎年8月に行なわれる例大祭も見もの。

☎03-3531-3500／
地下鉄月島駅6番出口から徒歩4分

2
佃煮

TV

元祖佃煮と書かれた看板と、その佇まいに歴史を感じる。

詰め合わせも人気 絶品！ 老舗の佃煮

天安本店

懐かしい味わい！

創業天保8年の老舗。白いご飯が欲しくなるような甘辛の濃い味は、下町っ子には馴染み深い味わい。お土産の定番は詰め合わせ。

9:00〜18:00／年末年始休／☎03-3531-3457／地下鉄月島駅6番出口から徒歩4分

4
地蔵

TV

天井をブチ抜いて伸びる、大銀杏の存在感は圧巻！

路地裏にひっそり……
神秘的に佇む地蔵尊

佃天台地蔵尊

ここに祭られているのは平らな自然石に刻まれた地蔵尊で、長寿延命・家内安全・諸願成就のご利益があるとされる。地蔵尊の左手には如意宝珠、右手には錫杖《しゃくじょう》が。

地下鉄月島駅6番出口から徒歩2分

5
雑貨

TV

月島西仲商店街の1番街と2番街の間の小道に佇む。

こだわりの生活道具で
ワンランク上の贅沢を

surou《スロウ》 tsukishima

“ほんの少しだけ贅沢な暮らし”をテーマに、照明器具やリラックスアイテムなど、生活雑貨をそろえる。日本橋人形町にも店舗あり。

12:00頃～19:00頃 ※土日祝のみ営業。ただし、第1日、月祝は休み。／☎03-5546-1323／地下鉄月島駅8番出口から徒歩2分

6
もんじゃ

TV

若大将が番組で食べた、いか、ほたて、チーズのもんじゃ。

メニューの種類が豊富
もんじゃ初体験！

つくしや

名物おかみが元気にお出迎え。活気ある店内でバラエティ豊かなアツアツのもんじゃをぜひ。初心者には、美味しい焼き方のコツを伝授！

17:00～23:30、土11:00～23:30、日11:00～23:00／不定休／☎03-3531-0792／地下鉄月島駅10番出口から徒歩3分

7
雑貨

TV

イベントスペースとショップスペースに分かれている。

注目のクリエイターの
アイテムを手に入れよう

@btf

さまざまなジャンルのクリエイターによる、インテリア、ファッションアイテム、雑貨などのグッズがズラリ。イベントや展覧会も実施。

11:00～19:00／月火祝定休／☎03-5144-0330／地下鉄勝どき駅A2b出口から徒歩2分、地下鉄月島駅10番出口から徒歩6分

佃・月島 で見つけた お土産

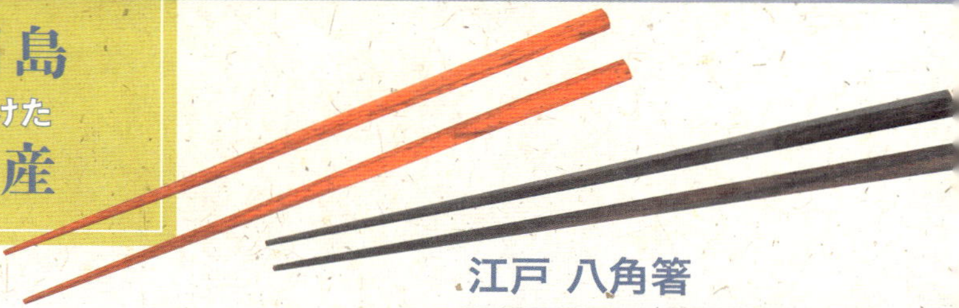

たらこ、きゃらぶき、いかあられ
（写真左上から右回り）

1200円、350円、700円

佃煮発祥の地で創業176年の、歴史ある佃煮専門店。秘伝のタレが自慢。全20種。
☎03-3531-3457
天安本店

江戸 八角箸

約3990円～1万8900円

希少な木材で一膳ずつ手作業で作られている。八角の形が手になじむ、と評判。
☎03-3531-6868
漆芸中島

月島もんじゃ焼

1000円（4人前入り）

キャベツを用意するだけで、カンタンに本場の味が楽しめる、もんじゃ焼きの材料セット。
☎03-3532-1990
月島もんじゃ振興会協同組合

月島もんじゃ 振興会 協同組合
もち・明太子 各1袋入り
月島もんじゃ焼
東京みやげ本場月島の味

今日の一筆

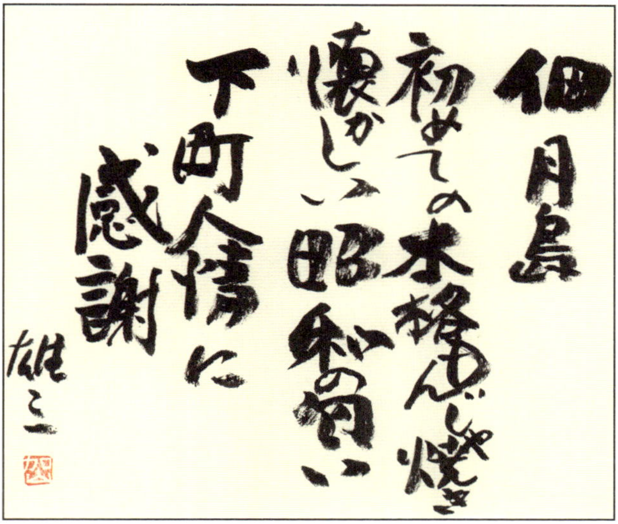
佃
月島
初めての本格もんじゃ焼き
懐かしい昭和の香い
下町人情に
感謝
雄二

本物のもんじゃを食べたのは初めて！　下町の人情、懐かしさ、歴史なんかが感じられる味わいで、ハマりそうだなぁ。

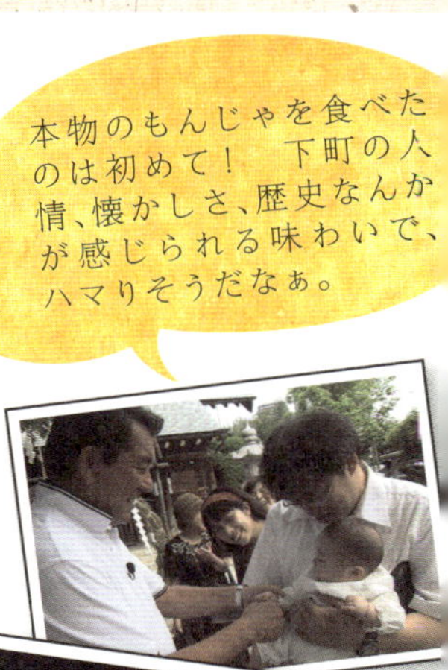

日本橋人形町

【最寄り駅】
●東京メトロ日比谷線、都営浅草線「人形町駅」
●東京メトロ半蔵門線「水天宮前駅」

安産祈願で知られる水天宮。

かふぇ あっぷるで一服。

京扇堂の扇子。

時代ごとの風情を残す歴史ある街並み

歌舞伎小屋や人形芝居小屋が多かった江戸時代、人形作りの職人が多く住んでいたことからその名がついた「人形町」。そして、商人の街として栄えた「日本橋」。飲食店がひしめき合う甘酒横丁の老舗店をはじめ、都会のビル群のなかに、創業200年以上の歴史を持つ店が多く立ち並び、古き良き江戸の風情を残す、魅力的なエリアだ。「人形町」は江戸時代初期には吉原、昭和末期までは和陶器卸の店が連なるなど、時代ごとに栄えてきた街でもあり、今でも歴史の名残りが楽しめるのがいい。

弁財天を祭っている水天宮や、恵比寿、布袋、大国天を祭る神社など、8社を参拝する「日本橋七福神巡り」も人気だ。

日本橋。江戸時代に架橋され、明治時代に今の姿に。

橋の中央にある麒麟の像。

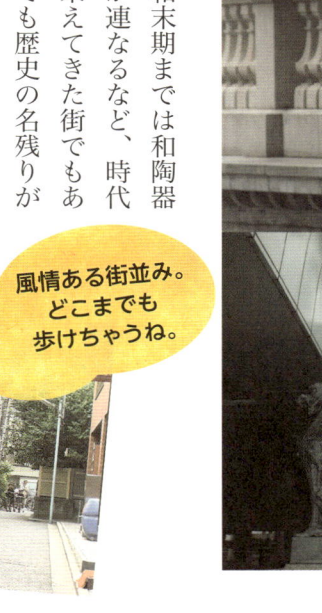

風情ある街並み。
どこまでも
歩けちゃうね。

趣ある老舗が並ぶ街
日本橋人形町

何代も受け継がれる職人技を、五感で楽しめる散歩コース！江戸時代にタイムスリップしたかのような街並みは、どこか懐かしい。

1
パン

1日最高200個売れる「クリームパン」（写真手前）。

昔ながらの味わいから新商品までズラリと並ぶ

サンドウィッチパーラー まつむら

1921年の創業以来4代続くパン屋。サンドウィッチや惣菜パン、ドーナツなど常時120種類のパンが並ぶ。月に一度新商品が店頭に並ぶのが楽しみだ。

7:00～18:00、土7:00～15:00／日祝定休／☎03-3666-3424／地下鉄水天宮前駅8番出口からすぐ

TV は若大将が番組で訪れた場所

若大将が歩いたコースは…

2時間
3089歩
106Kcal

堀留町
至小伝馬町
東京メトロ日比谷線
日本橋堀留町(2)
サンクス
日本橋保健センター
うぶけや
7
日本橋人形町(3)
かふぇ あっぷる
6
A5
A6
日本橋小舟町
日本橋
セブン-イレブン
サイボー
西鉄イン
東京メトロ半蔵門線
若大将
5
至三越前
日本橋小
日本橋小網町
小網神社
日本橋人形町(1)
日本橋川
東横イン
100m

3
甘味

鶏卵8：牛乳2で作られた濃厚プリン。材料はほかに砂糖のみ。

100年ぶりに幻のレシピを再現した元祖の味

江戸菓子匠茶寮 つくし

水天宮の茶店として創業。人気は「ゴールド人形町風《ぷ》鈴《りん》餡《あん》蜜《みつ》」(950円)。10年前に見つかった初代のレシピをもとに、現店主・5代目が商品化した。

8:00～20:00、イートインスペース10:30～18:00、土日10:30～17:00／不定休／
☎03-3664-7357／地下鉄水天宮前駅7番出口からすぐ

2
神社

水天宮

1818年創建。1872年に遷座された旧社殿。

"下町八社巡り"の一社 安産の神様に参拝

水天宮

現在は工事中

安産祈願、子授け祈願として知られる名所。参拝と一緒に、妊婦がお腹に巻く「御《み》子《す》守《ず》帯《おび》」を受ける人も多い。現在は工事中のため移転。

☎03-3666-7195／ ※2013年3月1日より本社殿竣工まで日本橋浜町の仮宮に移転

4
扇子
TV

夏扇だけでも80柄以上という豊富さ。お土産にもオススメ。

古都・京都を感じる
あらゆる扇子をお試しあれ

京扇堂

一般的に使われている夏扇や、金・銀で作られた祝儀扇など、用途に合わせた扇子がそろう。210円〜の京うちわなど、お手頃価格の商品も多い。

10:00〜19:00／日祝定休／
☎03-3669-0046／
地下鉄人形町駅A1出口からすぐ

5
居酒屋
TV

人気の「からあげ」。パリパリの衣から肉汁があふれる！

若大将が街で見つけた
昔ながらの居酒屋

店名に注目！

若大将

赤ちょうちんが目印。「もつ煮込」(350円) など、低価格のメニューがそろう。鹿児島で有名な蔵元・濱田酒造で作られた「若大将 (麦焼酎)」も好評。

11:30〜13:00 (L.O.)、17:00〜23:00 (L.O.22:30)／土日定休
☎03-3666-2565／
地下鉄人形町駅A6出口から徒歩1分

6
喫茶店

人気は「ケーキセットA（パイハウスチーズケーキ）」。

ゆったりとした空間で
こだわりのコーヒーを

かふぇ あっぷる

名店「萩原珈琲」の豆でいれるコーヒーは、最後の一滴まで豊かな香りと味わい深さが堪能できる。カップはコーヒーの種類によって変えているとか。

11:30〜23:30、土12:00〜21:00／
日祝定休／☎03-3639-1445／
地下鉄人形町駅A5出口からすぐ

7
刃物
TV

昭和の雰囲気ただよう、趣ある建物が目印。

うぶげまでそれる切れ味
230年続く刃物専門店

うぶけや

包丁、かみそり、はさみ、毛抜きを扱う。包丁だけでも100種類以上 (サイズ違い含む) が並ぶ。メンテナンスも受付け。230年続く職人技で、切れ味が蘇《よみがえ》る！

9:00〜18:00、土9:00〜17:00／日祝定休／
☎03-3661-4851／
地下鉄人形町駅A4出口から徒歩1分

日本橋人形町
で見つけた
お土産

男性用UV扇子

2940円

太陽の光にあてると、違う花札の絵柄が浮き上がってくる。粋な男性に贈りたい。
☎03-3669-0046
京扇堂

人形町風鈴《ぷりん》餡蜜《あんみつ》（お土産用）

750円

卵のコクが味わえる、こってり濃厚なプリンと、若大将も惚れ込んだ無添加のあんみつ。素朴な味わいに黒蜜をたっぷりかけていただく。そんな、お店で人気の味を、自宅で贅沢に再現できるセット。
☎03-3664-7357
江戸菓子匠茶寮 つくし

人形町
風鈴

お皿に盛るとこんな感じ。見た目も豪華！

今日の一筆

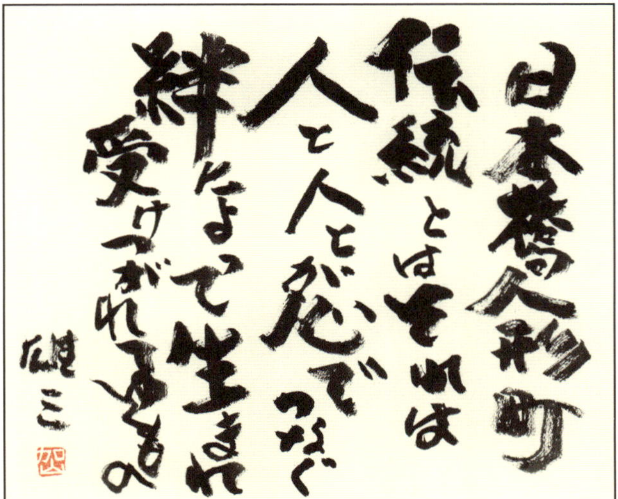
日本橋人形町
伝統とはそれは
人と人とが心でつなぐ
絆によって生まれ
受けつがれてゆくもの

江戸の中心だった場所だけに、長い歴史を持つ店が多いね。家族でやっている店もあって、すごく温かな雰囲気でした。

神田／御茶ノ水

【最寄り駅】
［神田］
●東京メトロ丸ノ内線「淡路町駅」
●都営新宿線「小川町駅」
●東京メトロ半蔵門線、都営三田線・新宿線「神保町駅」
［御茶ノ水］
●中央本線、総武線、東京メトロ丸ノ内線「御茶ノ水駅」
●東京メトロ千代田線「新御茶ノ水駅」

都内最大規模の楽器店、クロサワ楽器。

せっかくなら、神保町まで足を延ばそう。

古書、楽器、スポーツ用品……個性的な専門店が並ぶ街

リーズナブルな居酒屋が建ち並ぶ「サラリーマンの街」神田界隈から、大学・専門学校が多く「学生の街」として親しまれる御茶ノ水界隈にかけては、古書店やスポーツ用品店、楽器店など、個性的な専門店街が密集しているエリア。ちょっと歩くだけで、次々と新しい発見に出会えて楽しい。

また、エリア一帯の総氏神様である神田明神のおかげか、なんとなく街全体が守られているかのような安心感もある。

ちなみに「神田」という地名は、伊勢神宮の運営経費を賄う田〝神田《しんでん》〟があったことに、「御茶ノ水」は、近くにあった寺の湧き水が将軍のお茶用の水として献上されていたことに由来。どちらも歴史ある街だ。

神田川に架かる聖橋。大きなアーチ形が印象的。

神田明神。江戸・東京に鎮座して約1300年。

趣味の世界を
満たしてくれる
楽しい街だね。

ユニークな店がそろう街
神田

古本とこけし、豆腐とバケツ……など、斬新な組み合わせを生み出すユニークさに、散歩が一層楽しくなる!!

1
古本など

TV

全部で10系統に分類される伝統のこけしがズラリ。

限定本とこけしの異色の組み合わせ!?
書肆ひやね

古本と限定本がびっしり並ぶなか、可愛いこけしが勢ぞろい！　その数700〜800体。こけし収集家の店主が集めたもので、もちろん購入できる。

11:00〜19:00／日祝定休／☎03-3251-4147／JR神田駅西口から徒歩4分

TV は若大将が番組で訪れた場所

若大将が歩いたコースは…

2時間

3520歩

121Kcal

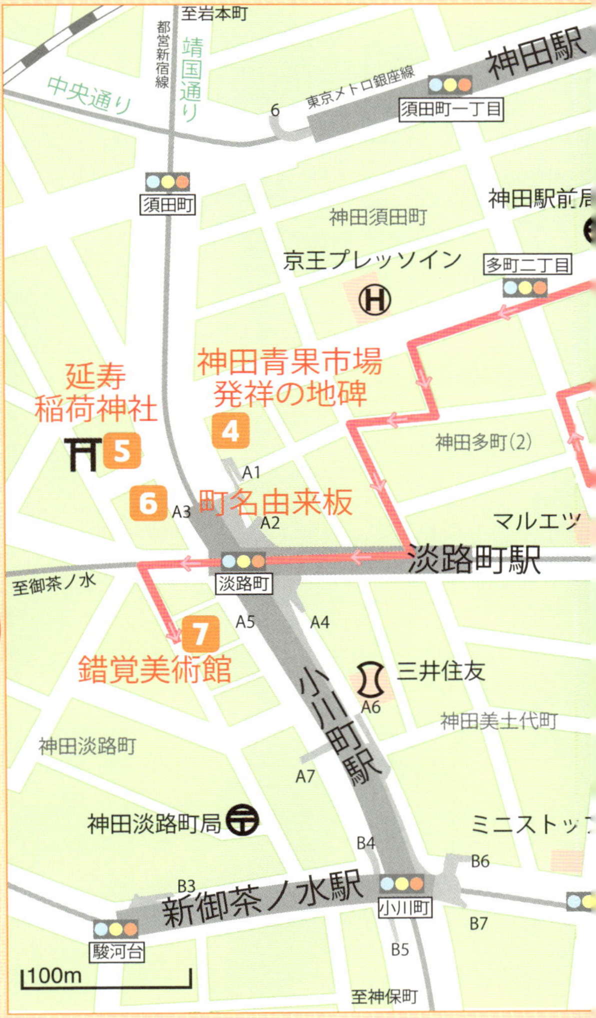

至岩本町
都営新宿線
靖国通り
中央通り
神田駅
東京メトロ銀座線
6
須田町一丁目
須田町
神田駅前局
神田須田町
京王プレッソイン
多町二丁目
神田青果市場
発祥の地碑
4
延寿
稲荷神社
5
神田多町(2)
A1
6
町名由来板
A3
A2
マルエツ
淡路町駅
至御茶ノ水
淡路町
A5
A4
7
錯覚美術館
三井住友
A6
小川町駅
神田美土代町
神田淡路町
A7
神田淡路町局
ミニストップ
B4
B6
B3
新御茶ノ水駅
小川町
B7
駿河台
B5
100m
至神保町

3 豆腐

金物の器で作るより、バケツのほうが味が均一になるとか。

天然の甘味が自慢!! 1Lの“バケツ豆腐”

神田名物！

越後屋

「バケツ豆腐」(800円)が名物。甘味が強い新潟県・大分県産の大豆を使用。舌触りがなめらか、濃厚な味わいで、メープルシロップをかけて食べても◎。

8:00～18:00／土日祝定休／☎03-3251-9676／地下鉄神田駅4番出口・JR神田駅北口から徒歩2分

2 居酒屋

玄米と黒米を使った「生うにの軍艦焼き」(1200円)。

週替わりメニューで 新鮮な野菜を堪能!!

野菜居酒屋 玄気

季節ごとに、その時期一番美味しい野菜を全国各地から厳選。併設するパン屋「あつんこパン」では、野菜を中心にした天然酵母のパンが並ぶ。

12:00～13:00、18:00～24:00(L.O.各終了時間の30分前)／無休／☎03-3291-1213／JR神田駅西口から徒歩5分

4

史跡

青果市場は昭和に入って、千代田区と大田区に移転。

地碑から活気が伝わる!?
幕府御用達青果市場の跡地

神田青果市場発祥の地碑

ここは江戸〜大正時代にかけて、約1万5000坪の巨大な青果市場だった場所。当時は徳川幕府御用達で、駒込・千住と並び“江戸三大市場”として知られ、にぎわった。

地下鉄小川町駅・淡路町駅A1出口から徒歩2分

5

神社

小さな神社なので、見落とさないように気をつけて。

脇道に入れば
守り神と出会える

延寿稲荷神社

江戸時代、当時この近辺に屋敷を持っていた土井家の守り神として分霊された。本社は京都にある伏見稲荷大社。稲荷神が祭られていて、商売繁盛、五穀豊穣にご利益があるとされる。

地下鉄小川町駅・淡路町駅A3出口からすぐ

6

由来板

歴史を知れば、街並みもまた違って見えそう。

淡路町の歴史が記された
由来板を駅出口そばで発見

町名由来板

江戸時代、淡路町には西福寺という寺が建っていた。一説によると、徳川家康が、桶狭間の戦いの際に命を救ってくれた僧侶に報いるため寄進した寺だったとか。

地下鉄小川町駅・淡路町駅A3出口からすぐ

7

美術館

TV

実は目の色は同じ！「目の色の恒常性」（北岡明佳）。

目を疑うような
驚きの作品がズラリ

一般公開は土曜のみ

錯覚美術館

“計算錯覚学”の研究活動スペースを利用して2011年にオープン。土曜は作品を一般公開中。目の錯覚を利用した作品に、何度訪れても驚かされる。

10:00〜17:00※土曜のみ営業／
☎03-5577-5647／
地下鉄小川町駅・淡路町駅A5出口からすぐ

神田で見つけたお土産

こけし(車)

5000円

書肆ひやねのコレクション。車型など、全国から集めた貴重なこけしもたくさん。
☎03-3251-4147
書肆ひやね

こけし

1万円～

コレクターから集めた中古品のこけしが並ぶ。一体ごとに表情が異なるのが手作りの良さ。
☎03-3251-4147
書肆ひやね

だだ茶豆 豆腐(大カップ)

600円

えだ豆の甘みをギュッと凝縮。そのほか、しそ、ゆずなどオリジナルの豆腐が豊富。
☎03-3251-9676
越後屋

今日の一筆

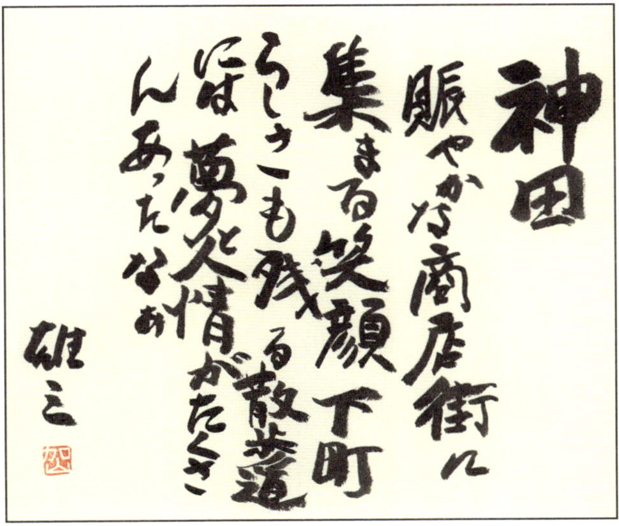
神田
賑やかな商店街に
集まる笑顔 下町
らしさも残る散歩道
には夢と人情がたくさ
んあったなあ
雄三

美味しい豆腐を食べたり、山ほどのこけしに驚いたり、錯覚の不思議を勉強したり……。充実の散歩道！

世界一の「錯覚作品」展示中

夢にあふれた学生の街
御茶ノ水

神田川をはさんで北側には江戸の総鎮守・神田明神、南側には都内最大級の楽器店街と、雰囲気が違う街並みが並存している。

楽器店がたくさん。興奮しちゃうね。

1 楽器

エレキギターは、輸入ものだけでも500点以上そろう。

楽器を始めるなら まずはこの店へ
クロサワ楽器 お茶の水駅前店

2012年5月にリニューアルし、都内最大の総合楽器店に。ギターやドラムなど3000点以上。ギター好き憧れのブランド、Martinの代理店でもある。

11:00〜20:00／無休／☎03-3293-5625／JR御茶ノ水駅御茶ノ水橋口から徒歩1分

TV は若大将が番組で訪れた場所

若大将が歩いたコースは…

2時間半
4329歩
147Kcal

ガーデンパレス
順天堂大
付属医院
順天堂大
順天堂大
本郷通り
湯島(1)
外堀通り
順天堂前
東京医科歯科大
神田川
至水道橋
中央本線
御茶ノ水駅
神田
駿河台局
三楽病院
御茶ノ水橋口
猿楽町(1)
明治大
1 クロサワ楽
お茶の水駅前
井上眼
明治大
日大付属
歯科病院
神田駿河台
山の上
日大
理工学部
中央大
駿河台記念
明治大
明大通り
イシバシ楽器
御茶ノ水
ANNEX
駿河台三
クア・アイナ
神田駿河台店
太田姫神社
新御茶ノ水
駅前局
小川町局
靖国通り
100m
2

3
洋食

松栄亭

暗くなると、店先に暖かいオレンジの光が灯る。

文豪も愛した
昔ながらの老舗洋食店
松栄亭《しょうえいてい》

1907年創業。文豪・夏目漱石が東大生時代に通っていたことでも知られ、人気の「かき揚げ」(950円)は、漱石の好物だったとか。

11:00～14:45 (L.O.14:15)、17:00～19:45 (L.O.19:15) ／日祝定休／☎03-3251-5511／地下鉄新御茶ノ水駅B3出口から徒歩6分

2
カフェ
TV

「アボカドチーズバーガー（ランチセット）」（１４００円）。

ハワイの田舎町発祥の
素朴なバーガーに舌鼓
クア・アイナ 神田駿河台店

ハワイで誕生し、世界に23店舗を展開するバーガー専門店。店名はハワイ語で“田舎もの”の意味。チーズ、ベーコンなどの素材が生きたクセになる味だ。

10:00～21:30 (L.O.21:00) ／無休／☎03-3518-0050／地下鉄新御茶ノ水駅B3出口から徒歩2分

4
橋

1927（昭和2）年7月に完成。橋長92.47m、幅22m。

神田川に架かる街のシンボル

聖橋《ひじりばし》

アーチが印象的

「東京の著名橋」に選定され、御茶ノ水の名所に。名前の由来は、北側にある国指定の史跡・湯島聖堂と南側にある重要文化財・ニコライ堂を結ぶことによる。

JR御茶ノ水駅聖橋口・地下鉄御茶ノ水駅1番出口からすぐ

5
神社

2003年に国登録有形文化財に登録された社殿。

約1300年の歴史あり街を見守る氏神様

神田明神

神田、日本橋、大手・丸ノ内、秋葉原を中心にした108町会の総氏神様として祭られ、多くの参拝客が訪れる。結婚式場としても人気だ。

☎03-3254-0753／
JR御茶ノ水駅聖橋口・地下鉄御茶ノ水駅2番出口から徒歩6分

6
甘味

「明神甘酒」（400円）は、大ぶりのつぶつぶが好評。

手間ひまかけて5日間ほのかな甘みがたまらない

天野屋

神田明神の表参道にある。1846年の創業以来同じ製法で作られる甘酒は、砂糖を一切使わない自然な甘みがウリ。

10:00～18:00、祝10:00～17:00　※喫茶は各終了時間の30分前（L.O.各1時間前）／日定休／☎03-3251-7911／JR御茶ノ水駅聖橋口・地下鉄御茶ノ水駅2番出口から徒歩5分

7
資料館

動物や花などを作れる折り紙セットは、100種類以上！

折り紙を使った芸術作品に心奪われる

お茶の水おりがみ会館

日本初の折り紙を製造した（株）ゆしまの小林が運営。さまざまな種類の折り紙を販売する。折り紙の第一人者で館長の小林一夫氏の折り紙講座も好評。

9:30～18:00／日祝定休／
☎03-3811-4025／
JR御茶ノ水駅聖橋口・地下鉄御茶ノ水駅2番出口から徒歩6分

御茶ノ水で見つけたお土産

生
明神甘酒
天野屋
久方味噌
要冷蔵

明神甘酒、久方味噌

819円、735円

甘酒の自然の甘みは、地下6mにある天然のむろで作られる糀《こうじ》の味。疲れたときに！
☎03-3251-7911
天野屋

ピック

105円〜

エレキギターのピックだけでも1万8000点。オーダーメイドでも作ってもらえる。
☎03-3293-5625
クロサワ楽器
お茶の水駅前店

春のうららの（折り紙セット）

525円

折り方をわかりやすく解説した折り図がついた、折り紙セット。
☎03-3811-4025
お茶の水おりがみ会館

今日の一筆

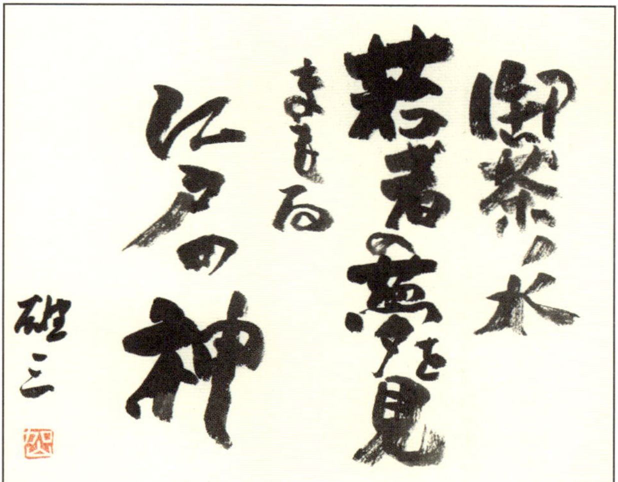
御茶ノ水
若者の夢を見
まもる
江戸の神
雄三

楽器店が並ぶ通りを歩きながら、ギターを始めた若い頃を思い出したよ。美味しい甘酒も飲めて、いい出会いがあったな。

柴又

【最寄り駅】
●京成金町線「柴又駅」
●北総鉄道北総線「新柴又駅」

釈天参道。映画のセットに迷い込んだよう!

見どころたっぷりの帝釈天。

京成金町線柴又駅から帝釈天へと続く柴又帝釈天参道。

丸仁
中村堂

人情味あふれる街並みが続く ご存じ、寅さんのふるさと

古くから経栄山題経寺《きょうえいざんだいきょうじ》（柴又帝釈天）の門前町として栄え、明治末期から大正にかけては保養地としても親しまれてきた地域。1969年の映画「男はつらいよ」の封切り以降は、そのゆかりの地として多くの観光客を集めている。帝釈天の参道を進むと、寅さんの生家「くるまや」のモデルとなった「髙木屋老舗」をはじめ、映画でおなじみの人情味あふれる街並みが現れる。江戸川の河岸には、小説や歌謡曲でも有名な渡し船「矢切の渡し」が。

〝姓は車、名は寅次郎。人呼んで、フーテンの寅と発します――〟

訪れる人を温かく迎えるこの街では、今にも寅さんの元気な口上が聞こえてくるようだ。

寅さんの映画のセットみたいな街！
柴又駅

大越飲料商会「柴又ラムネ」の工場に潜入！

人情味あふれる寅さんの街

柴又

帝釈天の門前町であり、映画「男はつらいよ」の舞台として有名。参道には団子屋や煎餅屋などが並び、映画そのままの風景が楽しめる。

大好きな寅さん。
会いに来たよ！

1 街並み

TV

柴又散策のスタートはココ。駅前で寅さんの銅像がお出迎え。

改札を抜けて最初の撮影スポット

柴又駅

寅さんの像のモチーフは、寅さんが妹のさくらに呼ばれて、振り向くシーンとか。銅像の下には山田洋次監督による、旅立つ寅さんの心境が綴られている。

京成線柴又駅からすぐ

TV は若大将が番組で訪れた場所

若大将が歩いたコースは…

2時間

4771歩

162Kcal

3
寺

TV

観光客でにぎわう境内。60日ごとの庚申の日には、御本尊が開帳される。

寅さんも産湯をつかった柴又住民の心のより所

柴又帝釈天

寅さんゆかりの地でもある、江戸初期に開山した日蓮宗の寺院。名匠・坂田留吉による総欅《そうけやき》造りの二天門や帝釈堂など、貴重な建造物が多い。

5:00〜20:00（帝釈堂は18:00閉門）／
☎03-3657-2886／
京成線柴又駅から徒歩4分

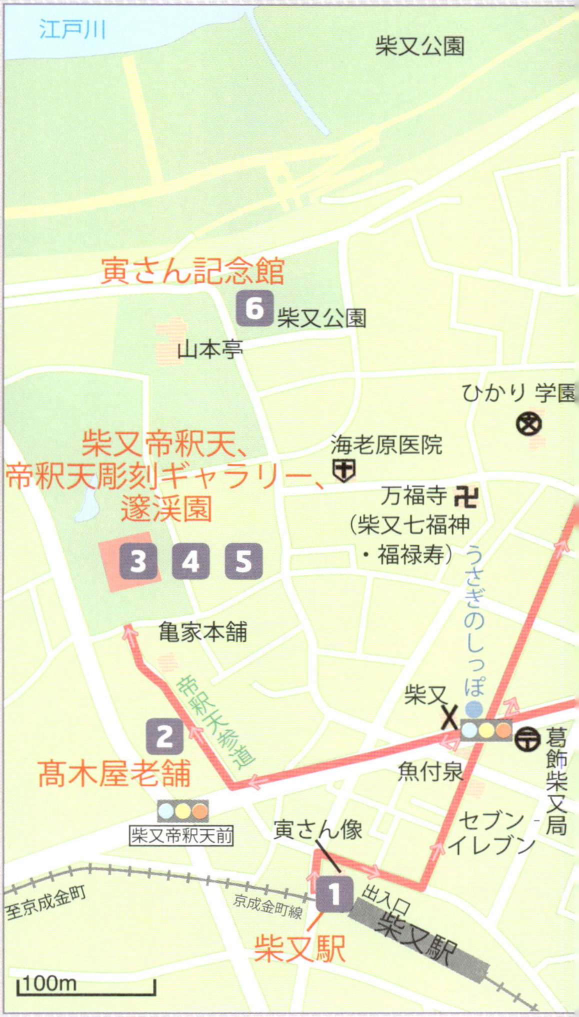
江戸川
柴又公園
寅さん記念館
6
柴又公園
山本亭
ひかり 学園
海老原医院
柴又帝釈天、
帝釈天彫刻ギャラリー、
邃渓園
万福寺
（柴又七福神
・福禄寿）
3
4
5
亀家本舗
うさぎのしっぽ
帝釈天参道
柴又
2
髙木屋老舗
魚付泉
葛飾柴又局
柴又帝釈天前
寅さん像
セブン-イレブン
至京成金町
京成金町線
1
出入口
柴又駅
柴又駅
100m

2
和菓子

TV

髙木屋老舗

参道をはさみ販売店と喫茶室が位置。撮影の休憩所にもなった。

街のシンボル的な存在今にも寅さんが帰ってきそう

髙木屋老舗

「くるまや」のモデルになった団子屋さん。人気の草団子（1本150円）は十勝産あんこがたっぷりの美味。故・渥美清氏も撮影の合間に舌鼓を打った。

7:30〜18:00／無休／☎03-3657-3136／
京成線柴又駅から徒歩2分

4 ギャラリー

TV

大正末期から十数年間で彫られた精巧な彫刻に目がクギづけ！

葉一枚まで美しく立体的 精巧な彫りは溜息モノ

帝釈天彫刻ギャラリー

題経寺帝釈堂外陣に施された彫刻を見学できる。「法華経」の説話にちなんだ10枚の胴羽目彫刻の見事な造りは、一見の価値がある！

9:00〜16:00／拝観料（庭園・彫刻ギャラリー共通）大人400円、子供（小中学生）200円／☎ 03-3657-2886／京成線柴又駅から徒歩4分

5 庭園

TV

大客殿や茶室、回廊から……と、多彩な角度から眺めてみよう！

帝釈天の境内に広がる 美しい回遊式庭園

邃渓園《すいけいえん》

帝釈天境内にある池泉回遊式庭園。1965年稀代の造園師永井楽山により完成した。趣ある回廊から望む緑豊かで静粛な景色に、思わず時を忘れる。

9:00〜16:00／拝観料（庭園・彫刻ギャラリー共通）大人400円、子供（小中学生）200円／☎ 03-3657-2886／京成線柴又駅から徒歩4分

6 記念館

マドンナの白粉やインクの香りのなか、映画の世界に浸りたい。

「男はつらいよ」の すべてがここにある

寅さん記念館

ファン垂涎！

映画の撮影で実際に使用した「くるまや」のセットの展示のほか、2012年末には「朝日印刷所」のセットを再現したコーナーも増設。

9:00〜17:00（最終入館16:30）／第3火、12月の水木定休／☎03-3657-3455／京成線柴又駅から徒歩8分、北総線新柴又駅1番出口から徒歩9分

7 洋菓子

TV

テイクアウトはもちろん、イートインもオーケー。

帝国ホテル出身シェフの 腕が光る極上ケーキ

ビスキュイ

種類の多さにびっくり！　イチオシはふんわり、素材にこだわった「ビスキュイロール」。和三盆の「柴又ロール」もお土産にピッタリ。

9:30〜19:30／不定休／☎03-5668-8870／北総線新柴又駅1番出口から徒歩1分、京成線柴又駅から徒歩9分

柴又で見つけたお土産

うさぎのしっぽ
柴又
うさぎのしっぽ
文

うさぎのしっぽオリジナル

文房具各種

126円～

寅さんをイメージした柴又店オリジナルキャラクター“オーシャンくん”のグッズが人気。
☎03-6657-9524
うさぎのしっぽ

寅さん瓦せんべい

1050円

寅さんのかわいい絵がプリントされた瓦せんべい。卵たっぷりの懐かしい味わい。
☎03-3657-3136
髙木屋老舗

男はつらいよ

草だんご折り詰

630円～

映画「男はつらいよ」で寅さんの実家として登場した甘味処。厳選したよもぎの風味が◎。
☎03-3657-3136
髙木屋老舗

今日の一筆

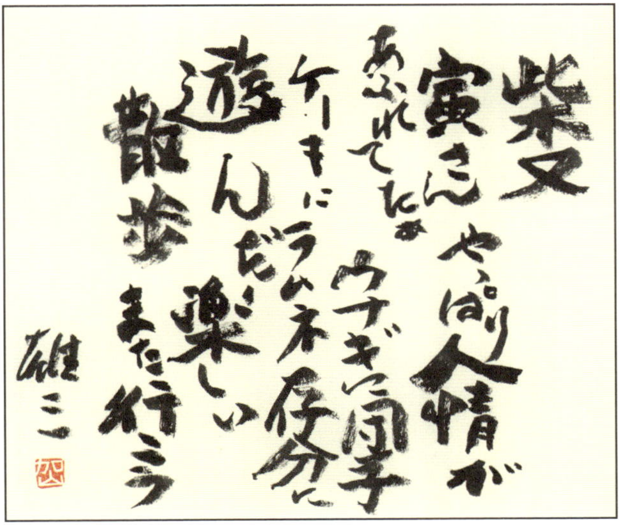
柴又
寅さん やっぱり人情が
あふれてたね ウナギに団子
ケーキにラムネ存分に
遊んだ 楽しい
散歩 また行こう
雄二

寅さんの“実家”のお団子屋さんで団子を食べたり、帝釈天の彫り物にびっくりしたり……やっぱり面白い街でした。

三ノ輪／北千住

【最寄り駅】

［三ノ輪］

●東京メトロ日比谷線「三ノ輪駅」

●都電荒川線「三ノ輪橋」停留場

［北千住］

●常磐線、東京メトロ千代田線・日比谷線、東武伊勢崎線、つくばエクスプレス「北千住駅」

“どこを切っても金太郎”！

酉の市で知られる鷲神社。

日光街道の旧道は、地元の人を中心ににぎわう商店街に。

宿場

伝統を受け継ぐ職人技と昭和の雰囲気が残る下町

台東区の北の端、荒川区との境辺りに位置する三ノ輪エリア。昭和通りと明治通りが交わり、江戸時代には甲州街道の裏街道の一角としてもにぎわった。現在は、伝統の技を受け継ぐ職人の店や、樋口一葉ゆかりの神社として知られる千束稲荷《せんぞくいなり》などの神社仏閣の数々、昔ながらの商店街など、伝統と歴史、ノスタルジーを感じさせる街並みが広がる。

地下鉄三ノ輪駅から北西に500mほど行けば、都電荒川線の終点・三ノ輪橋停留場のレトロな姿も。商店街で買った惣菜を片手にそぞろ歩けば、気分はまるで昭和時代。

隅田川を渡ると、日光街道の最初の宿場町、北千住エリアに辿り着く。

この街では
匠の技に
出会えるんだよ。

千住街の駅

レトロな雰囲気のお休み処「千住 街の駅」。

昭和の香りが残る街
三ノ輪

貴重な職人芸と数々の史跡、昭和が香る商店街に出会える。銭形平次の敵役「三ノ輪の万七」や、吉原遊郭が近かったことでも知られる。

1 飴 TV

番組では若大将のオリジナル飴も紹介。

オーダーメイドも人気
超有名な老舗飴屋
金太郎飴本店

「どこを切っても金太郎」の金太郎飴で有名な老舗。のど飴、ゆず飴など豊富な種類の飴が並ぶ。写真などをもとに注文できるオリジナル飴も評判。

9:00〜18:00／土（不定休）、日祝定休／☎03-3872-7706／地下鉄三ノ輪駅2番出口から徒歩3分

TV は若大将が番組で訪れた場所

若大将が歩いたコースは…

2時間
5046歩
172Kcal

3 桐たんす TV

製造販売に加え修理も行っている。一生モノのたんすに出会えるかも。

明治43年創業
木が香る匠の工房

片山桐箪笥店

職人歴44年、3代目による桐たんすは、「職人仲間が誉める品質」を追求した逸品。堅牢で繊細な造りと遊び心にこだわっている。開閉のなめらかさが◎。

日祝定休（要問合わせ）／☎03-3873-3888／地下鉄三ノ輪駅1b出口から徒歩9分

2 神社 TV

『たけくらべ』では祭礼が舞台に。一葉記念館まではここから徒歩約5分。

小説『たけくらべ』の
舞台になった神社

千束稲荷神社

樋口一葉の胸像もある

樋口一葉の『たけくらべ』に登場した神社。2月の初午祭には、凧《たこ》絵師が明治時代の戯画にちなむ絵を描いた貴重な約100通りの地口行燈《じぐちあんどん》が並ぶ。

地下鉄三ノ輪駅1b出口から徒歩3分

4

はさみ

3代目の石塚さん。荒川区の指定無形文化財にも認定された。

テーラーが憧れる
最高級の裁ちばさみ工房

長太郎製作所

明治の創業以来、刀鍛冶の技術を生かした手技で、切れ味が鋭く手なじみのいい裁ちばさみを手掛ける。古い裁ちばさみの修理も受付け。

不定休／☎03-3801-5415／
都電三ノ輪橋停留場2番出口から徒歩3分、
地下鉄三ノ輪駅3番出口から徒歩5分

5

商店街

地元の人でにぎわう通り。いい匂いに引かれてつい寄り道。

ノスタルジックな
下町情緒漂う商店街

ジョイフル三ノ輪

都電の線路と平行するように伸びる、全長465mの商店街。昔ながらの銭湯や喫茶店、パン屋が軒を連ねる通りを歩けば、ほっこり温かい気持ちに。

都電三ノ輪橋停留場からすぐ、地下鉄三ノ輪駅3番出口から徒歩5分

6

惣菜

人気は定番の焼き鳥や唐揚げ。買ってその場で食べたい！

豊富な品ぞろえが魅力！
評判の惣菜店

とりふじ

ジョイフル三ノ輪にある。店頭には焼き鳥、焼き魚、天ぷら、餃子など豊富な品がそろい、思わず目移りしてしまう。遠方からの客も多い。

9:00～19:00／月曜定休／
☎03-3807-3707／
都電三ノ輪橋停留場からすぐ、地下鉄三ノ輪駅3番出口から徒歩6分

7

寺

昔も今も変わらず、境内では近所の子どもたちが元気に遊ぶ。

南千住に建つ
由緒ある曹洞宗の寺院

眞正寺

かつて四ツ谷天龍寺を開山した大和尚の隠居寺として開山された曹洞宗の寺院。境内は、散歩途中でほっとひと息つきたい閑静な場所。

都電三ノ輪橋停留場2番出口から徒歩4分、
地下鉄三ノ輪駅3番出口から徒歩6分

三ノ輪で見つけたお土産

金太郎飴

金太郎飴 面切

420円

食べやすい大きさにカットされた金太郎飴が約25粒はいっている。
☎03-3872-7706
金太郎飴本店

ひぐらしの里

179円

1871年創業の和菓子屋の人気商品。焼き菓子のなかには、レーズン入りの白あんが。
☎03-3872-8830
花月堂

ひぐらしの里

金太郎飴 特大棒

500円

全長30センチ。もちろんどこを切っても金太郎！素朴な甘さがクセになる。
☎03-3872-7706
金太郎飴本店

今日の一筆

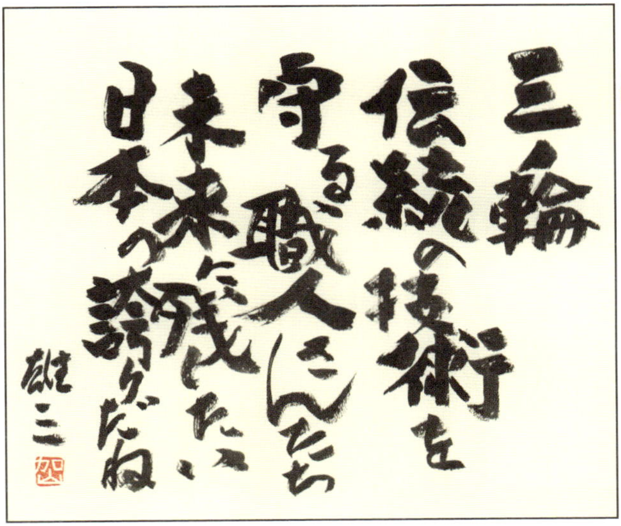
三輪
伝統の技術を
守る職人さんたち
未来に残したい
日本の誇りだね
雄三

裁ちばさみに桐たんす。伝統の技にたくさん出会えたなぁ。商店街の福引きにもチャレンジして面白かった。

日光街道、随一の宿場町

北千住

商業と交通の要衝だった江戸の活気をそのままに残す商人の街。路地裏の蔵めぐりを楽しみながら、江戸の歴史に思いを馳せて。

1 商店街 TV

「槍かけだんご」で有名な「かどや」など老舗和菓子店が多い。

大名行列が休息した 江戸最大の宿場町の名残り

宿場町通り（サンロード商店街）

江戸四宿のひとつ、千住宿の歴史が現代に語り継がれる、古き良き下町の商店街。中ほどには、かつて宿場町の掟が掲示された「高札場」がある。

JR北千住駅3番出口・地下鉄北千住駅西口から徒歩3分

TV は若大将が番組で訪れた場所

若大将が歩いたコースは…

2時間
3947歩
134Kcal

大黒湯
5
千住寿町
勝楽堂病院
すずき病院
千住寿町
千住龍田町
中居町
クリニック
アライ歯科
北千住駅入
三菱東京 UFJ
マルアイ
ボウリング
潤徳女子
中・高
千住中居町
千住中居町
千住青葉中前
千住消防署
セブン -
イレブン
千住緑町三丁目
千寿
青葉中
国道4号
不動
慈眼寺
ハローワー
100m

3
蔵

TV

中川園本店のすぐ脇、大人がやっと通れるほどの狭い路地を進む。

蔵をたずねて路地裏へ
見つけたら散歩上級者

中川園の蔵

蔵の街・千住でとりわけ古さを感じさせる趣深い蔵。木製の看板は1938（昭和13）年に造られたものとか。地元でも知る人が少ない穴場スポット。ぜひ訪れたい。

JR北千住駅3番出口・地下鉄北千住駅西口から徒歩6分

2
休憩所

TV

北千住宿場町通り60
千住
街の駅

大正時代の魚屋を改装して作られた、レトロな雰囲気の外観。

駅をおりたらまずココで
散歩の準備を整えよう！

お休み処 千住 街の駅

街のマップ
無料でゲッ

誰でも利用できる休憩処。弁当も持ち込めるので、イスに座って腹ごしらえをしながら散歩の計画を練るのもいい。トイレだけの利用もオーケー。

1月1日〜3日10:00〜16:00、4月〜10月9:00〜18:00、11月〜3月9:00〜17:00／月火定休※祝日の場合を除く、12月29日〜31日／JR北千住駅3番出口、地下鉄北千住駅西口徒歩3分

4

街並み

表通りより戸口が一段下がった造りになっている。

宿場町の歴史を物語る
江戸後期建造の商家

横山家住宅

「松屋」の屋号で江戸時代から紙問屋を営んでいた商家の住宅。玄関柱には、戊辰戦争の戦闘のひとつ、上野戦争で新政府軍に敗退した、彰義隊が切りつけたと言われる傷跡が残る。

JR北千住駅3番出口・地下鉄北千住駅西口から徒歩7分

5

銭湯

神社かと見まがうばかりの重厚な宮造り。内観の造りも巧みだ。

見事な建築は必見！
街の銭湯で疲れを癒す

大黒湯

昭和4年創建から変わらず、下町の粋な心を守り抜いてきた地域の銭湯。すずやかな空気を楽しむ露天風呂や、湯上りに一服できる休憩所もあり。

15:00〜24:00／月曜定休／
☎03-3881-3001／
JR北千住駅3番出口・地下鉄北千住駅西口から徒歩10分

6

商店街

大正からの姿をとどめる「大橋眼科」などレトロな建物も残る。

ここからスタート！
買い物散歩に出発しよう

きたろーど1010

地下鉄北千住駅西口からまっすぐに延びる、街の中心的な商店街。日用品から生鮮食品まで生活に根差した品々が安くて豊富。平日でも地元の買い物客ら大勢の人が行き交う。

JR北千住駅3番出口・地下鉄北千住駅西口から徒歩1分

7

寺

生前にお詣りすれば、過ちを赦してくれるという閻魔様がいる。

泣く子もだまる閻魔堂
無病息災を願って

勝専寺（閻魔堂）

江戸の歴代将軍も立ち寄ったという名刹。見事な朱色の門の「赤門寺」として知られる一方、地域住民には「おえんま様」との通称で親しまれている。

開門は午前／えんま開き…1、7月の15、16日／☎03-3881-2358／
JR北千住駅3番出口・地下鉄北千住駅西口から徒歩6分

北千住で見つけたお土産

マイルドブレンド（100g）

550円

こだわりの自家焙煎で、味わい深いコーヒーの風味を最後の一滴まで……。
☎03-3882-5524
千住宿 珈琲物語

アクセサリー

4500円～

女性に人気の手作りアクセサリー。世界にひとつしかない手作り感が魅力！
☎03-3888-1883
雑貨店 la feuille

スタイ

1200円～

赤ちゃん用のよだれかけが人気。そのほか、ハンドメイド作家の小物もオススメ。
☎03-3888-1883
雑貨店 la feuille

今日の一筆

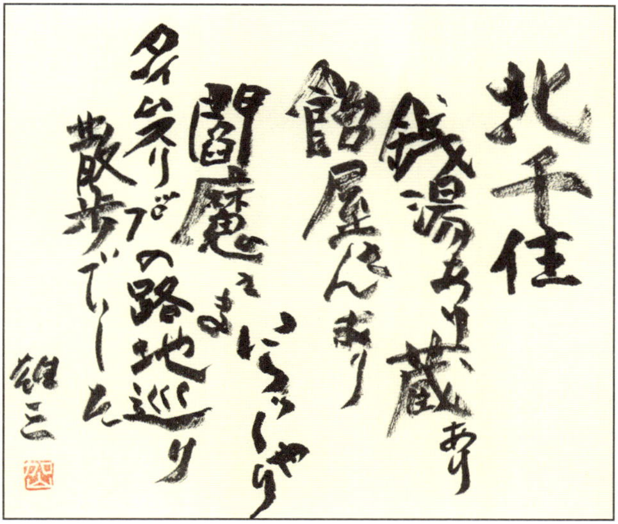

駅前は凄く近代的なのに、アーケードを歩いて裏道に入ると、歴史を感じる風景が広がっていましたね。

神楽坂

【最寄り駅】

- ●中央本線「飯田橋駅」
- ●東京メトロ東西線「神楽坂駅」
- ●東京メトロ東西線・南北線・有楽町線「飯田橋駅」
- ●都営大江戸線「牛込神楽坂駅」「飯田橋駅」

神楽坂はもともと善國寺の門前町。

紀の善。

ふくねこ堂。

粋な花街文化が根づく伝統と芸術の街

江戸時代より寺町として栄え、神楽を奏でる音が響いたことから「神楽坂」の名がつけられた。明治には、花柳界が発展。「三業」(料亭・待合茶屋・芸者置屋)が盛んになり、最盛期には700人を超える芸者衆がいた。大正12年の関東大震災では運よく焼け残り、「山の手銀座」としていっそうの繁栄を迎えた。

善國寺《ぜんこくじ》の門前を中心に料亭が立ち並んだことから、またの名を「肴町《さかなまち》」。かつては「毘沙門様に行ってくる」と言えば、神楽坂の花街で遊びを楽しむことだった。現在は芸者置屋もわずかとなったが、江戸の伝統芸能を後世に残そうと、寄席や阿波踊り、市民文化祭などさまざまな催しが開かれている。

路地には、しっとりと落ち着いた雰囲気の石畳が続く。

高台にある、赤城神社。

名店がひっそり
立ち並ぶ、
大人の街だね。

花街の文化が残る路地裏の街
神楽坂

花街の歴史を物語る料亭が数多く残り、食通たちをうならせる大人の街。裏通りを進むと、路地や横丁が迷路のようにくねくねと延びている。

風情ある路地裏。
迷路みたいだ。

1 甘味

深い緑色が目にも鮮やかな「抹茶ババロア」。

明治から続く老舗
上質な甘味に舌鼓
紀の善

テイクアウトも
できる

開店から行列ができるほど人気の甘味店。最高級の宇治抹茶を使った名物のババロアは、ほど良い苦味があって、甘すぎない大人の味わい。

11:00〜20:00（L.O.19:30）、日祝11:30〜18:00（L.O.17:00）／月曜定休（祝日の場合、翌平日）／☎03-3269-2920／JR飯田橋駅西口から徒歩2分、地下鉄飯田橋駅B3出口からすぐ

TV は若大将が番組で訪れた場所

若大将が歩いたコースは…

2時間半
5950歩
202Kcal

3
街並み

老舗料亭が立ち並び、ランチタイムの店選びも楽しい。

花街の歴史を刻む道
芸者気分で路地をゆく

芸者新道

神楽坂仲通りから本多横丁へ抜ける路地。神楽坂が「牛込花街」として栄えた時代、料亭や芸者置屋が軒を連ね、芸者たちがこの道を行き来した。今でもその名残りが感じられる。

地下鉄飯田橋駅B3・B4b出口・地下鉄牛込神楽坂駅A3出口から徒歩5分

2
商店街

TV

坂を下るとJR飯田橋駅、登ると地下鉄の神楽坂駅。

参拝も料亭めぐりも
大人が遊べる商店街

神楽坂通り商店街

脇道に
それながら
歩こう

花街として発展した神楽坂で、庶民の生活を支えてきた名物商店街。坂の両脇には、江戸、明治、大正の時代から続く老舗の商店が軒を連ねる。

地下鉄飯田橋駅B3出口からすぐ、地下鉄牛込神楽坂駅A3出口から徒歩1分

4
雑貨
TV

猫のイラストが描かれた一点モノの着物帯を発見！

路地裏の隠れスポット 猫の店長がお出迎え!?

ふくねこ堂

着物と小物と猫グッズの店。店中どこを見渡しても猫だらけ！　運が良ければ“猫店長”にも会える。合計4000円以上の購入で浴衣の着付サービスも。

12:30～18:30／無休／
☎03-6319-6000／
地下鉄牛込神楽坂駅A3出口・地下鉄飯田橋駅B4b出口から徒歩4分

5
寺
TV

縁日発祥の地。寅の日に境内に縁日が立つさまは、夏の風物詩。

街のにぎわいを生んだ 江戸の名刹

毘沙門天善國寺

徳川家康が「善い国になるように」との願いを込めて命名。神楽坂の街のにぎわいは、この善國寺の門前町として栄えたのがきっかけと言われている。

☎03-3269-0641（寺務所）／
地下鉄飯田橋駅B3出口から徒歩4分、牛込神楽坂駅A3出口から徒歩3分、地下鉄神楽坂駅1番出口から徒歩6分

6
神社
TV

神楽坂を登りきった高台にある。散歩の小休止にオススメ。

今と昔が出会う場所 モダンな建築は圧巻

赤城神社

2010年に造営。社殿は建築家・隈研吾監修の作品だ。併設のカフェにシェフが常駐していたり、イベントを積極的に実施するなどモダンな神社。

☎03-3260-5071／
地下鉄神楽坂駅1番出口から徒歩1分、地下鉄牛込神楽坂駅A3出口から徒歩6分

7
街並み

毘沙門天の向かいの路地を入ると、風情ある石畳が続く。

神楽坂で最も古い小路 絶好の散歩コース

兵庫横丁

鎌倉時代から続く古道で武器商人の町として栄えた場所。閑静な住宅街でいて、古くからの生活の風景が楽しめる。有名な脚本家や作家が泊り込んで執筆することで知られる旅館「和可菜」もある。

JR飯田橋駅西口から徒歩6分、地下鉄飯田橋駅B4b出口から徒歩4分

神楽坂で見つけたお土産

やまとなでしこ好み（葡萄、常夏）

2200円、3150円

古典柄から注目の新素材まで、豊富な品ぞろえ。名前やロゴなどの「お名入れ」もできる。
☎03-3266-1641
ふろしきや やまとなでしこ

キューブのお香立

525円

お香と合わせて選びたいお香立も充実。なかにはユニークでインテリア性の高いものも。
☎03-5261-0019
椿屋

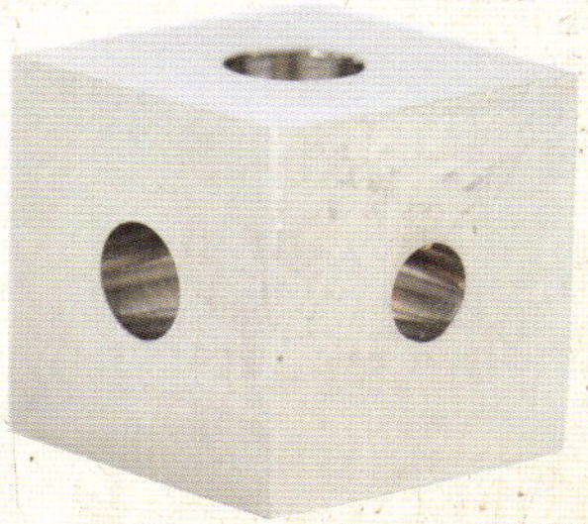

堀川（20本入り）

1050円

天然原料の線香は、奥深い香りが特徴。そのほか、匂袋、和紙製品など充実の品ぞろえ。
☎03-5261-0019
椿屋

今日の一筆

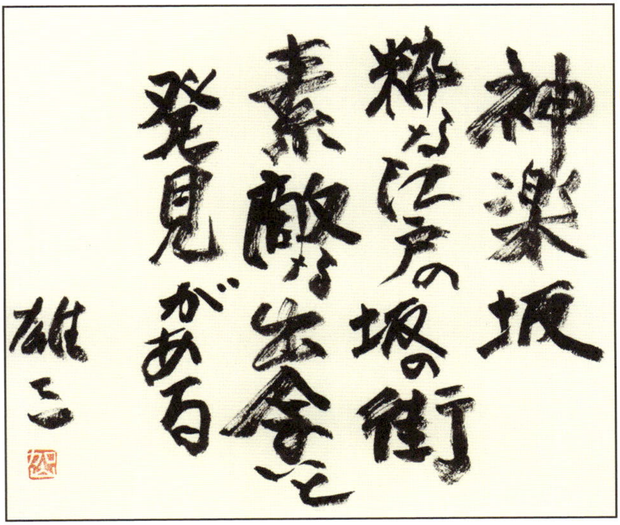
神楽坂
粋な江戸の坂の街
素敵な出会いと
発見がある
雄二

僕の行きつけの天婦羅屋さんもある神楽坂。大人の街って感じだね。散策すればするほど好きになるよ。

巣鴨

【最寄り駅】

●山手線「巣鴨駅」
●都営三田線「巣鴨駅」
●都電荒川線「庚申塚駅」

七輪で焼いたアツアツの干物を試食。

平日もにぎわう高岩寺。

「若い子には負けないわよ！」なんて声が聞こえてきそう

曹洞宗萬頂山高岩寺の「とげぬき地蔵尊」と、「江戸六地蔵尊」のひとつ醫王《いおう》山《ぜん》東光院眞性寺に守られた信仰の街。お年寄りを中心に、連日大勢の人であふれかえる「巣鴨地蔵通商店街」は、旧中山道の街道筋。一軒一軒がユニークで、人情味あふれる気さくな雰囲気なのが心地良い。

毎月4の付く日には縁日が開かれ、地蔵通に沿って昔懐かしい露店が軒を連ねる。江戸情緒豊かな風情の中、10万人以上とも言われる善男善女の活気に身を任せていると、巣鴨のおばあちゃんたちの元気の源がわかる気がする。

お土産には、赤いパンツを買うのを忘れずに。最近は、〝すがもん〟グッズも人気だ。

元気な商店街で掘り出し物を見つけたい。

宮本工業で。べっ甲細工職人の祖父と孫。

お年寄りでにぎわう元気な街

巣鴨

〝おばあちゃんの原宿〟と呼ばれる巣鴨。巣鴨地蔵通商店街では、古き良き伝統を守りながら、江戸時代から変わらぬ活気で商店が並ぶ。

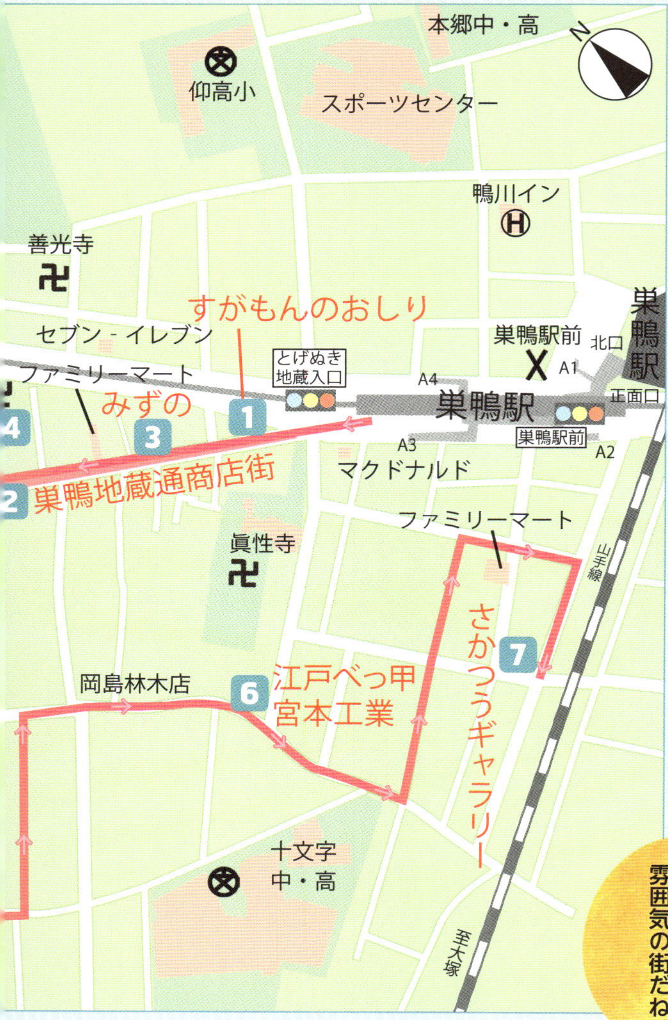

1
新名所

巣鴨に数ある名所のなかでも、とくに人気のスポット!

巣鴨のゆるキャラ!
おしりに触って恋愛成就

すがもんのおしり

巣鴨の地蔵通商店街の公式キャラ「すがもん」の、ふわふわのおしりに触ると、“恋が実る”との評判も。上半身は探しても見当たらない!?

JR巣鴨駅正面口から徒歩3分、地下鉄巣鴨駅A3出口からすぐ

若大将が歩いたコースは…

2時間

3871歩

132Kcal

3
大福

TV

塩大福
赤飯

創業74年！　巣鴨一の老舗だけあって店構えも貫禄アリ。

巣鴨名物塩大福
お土産にも食べ歩きにも

元祖 塩大福みずの

特一等米を使って作るモチモチでやわらかな餅で、サッパリとしながらも香り豊かな小豆の餡を優しく包んでいる。塩加減も絶妙で美味。

9:00～18:30／不定休／
☎03-3910-4652／
JR巣鴨駅正面口から徒歩4分、地下鉄巣鴨駅A3出口から徒歩2分

染井霊園
豊島市場
巣鴨四丁目
白山通り
至西巣鴨
豊島市場前
都営三田線
干物まる
5
巣鴨局
セブン - イレブン
マルジ
巣鴨第一保育園
清和小
大塚ろう学校
巣鴨(3)
巣鴨図書館
100m

2
商店街

TV

巣鴨地蔵通商店街

通りにお寺や露店があり、お年寄りを中心に連日にぎわう。

おばあちゃんの原宿で
若大将もたじたじ

巣鴨地蔵通商店街

おばあちゃんの原宿

旧中山道で、江戸中期より栄えた場所。明治24年、とげぬき地蔵尊高岩寺が上野から移転してきたことを機に商業や信仰の場としてさらに発展。

JR巣鴨駅正面口から徒歩3分、地下鉄巣鴨駅A3出口からすぐ

4
寺

TV

曹洞宗萬頂山高岩寺。おなじみ「とげぬき地蔵尊」。

“洗い観音”の
とげぬき地蔵はココ

高岩寺（とげぬき地蔵尊）

本堂横の観音地蔵は、体の悪い箇所と同じ部分に水をかけて洗うと、身代わりになってくれるとか。行列が絶えない人気スポット。

6:00～17:00／
☎03-3917-8221／
JR巣鴨駅正面口から徒歩6分、地下鉄巣鴨駅A3出口から徒歩4分

5
干物

TV

「まぐろステーキ（胴中）」。特製ダレに漬けて熟成させたもの。

品ぞろえが豊富！
新鮮さがウリの干物屋

干物まる

伊勢海老の干物をはじめ、30種類以上の冷凍干物を販売。沼津港から工場へ直送された魚は、丁寧に加工され干物に。新鮮なうちに店頭に並ぶ。

10:00～18:00／無休／
☎03-5980-6072／
JR巣鴨駅正面口から徒歩7分、地下鉄巣鴨駅A3出口から徒歩5分

6
べっ甲

TV

肌触りの良さと軽さが特長。黄色い部分が多いほど高価。

オーダーメイドもオーケー
べっ甲アクセサリー

江戸べっ甲 宮本工業

まるで芸術作品のようなべっ甲アクセサリーが並ぶ。モダンなものから、伝統を感じるデザインまであり、製造販売だからこその価格も魅力。

9:00～18:00／土日祝定休／
☎03-3949-1147／
JR巣鴨駅正面口から徒歩5分、地下鉄巣鴨駅A3出口から徒歩3分

7
模型

TV

精巧な東京スカイツリーの模型。値段は63万4000円。

ジオラマやミニチュア
情景模型の専門店

さかつうギャラリー

日本初の本格的なジオラマ専門店。プロのジオラマ作家の作品から、入門編で手軽に楽しめるミニチュア商品まで幅広いラインナップ。

10:30～19:00／木定休／
☎03-3949-2892／
JR巣鴨駅正面口から徒歩3分、地下鉄巣鴨駅A2出口から徒歩2分

巣鴨で見つけたお土産

元祖 塩大福（5個入）

600円

北海道産の小豆と宮城産のもち米を使用。ふっくらとした食感が好評。
☎03-3910-4652
元祖 塩大福みずの

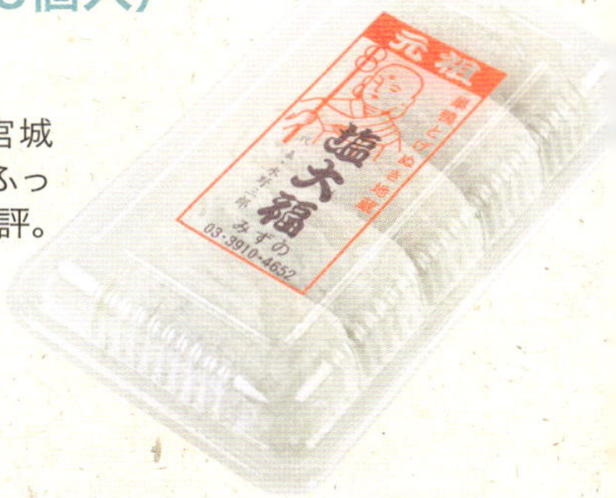
元祖
塩大福
03-3910-4652

干支 巳年刺しゅう トランクス、若ガエル みどりちゃんショーツ

1280円、750円

赤パンツは、へその下にあるツボ“丹田”を温めてくれるとか……。
☎03-3910-1409
巣鴨マルジ

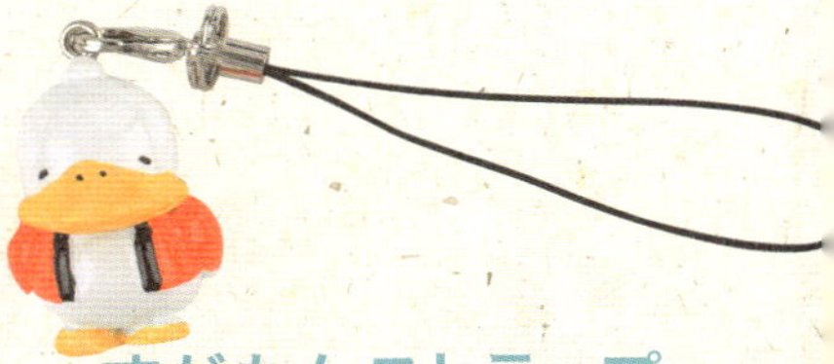

すがもんストラップ

500円

巣鴨地蔵通商店街の公式キャラクター“すがもん”のグッズも人気。
☎03-3910-1409
巣鴨マルジ

今日の一筆

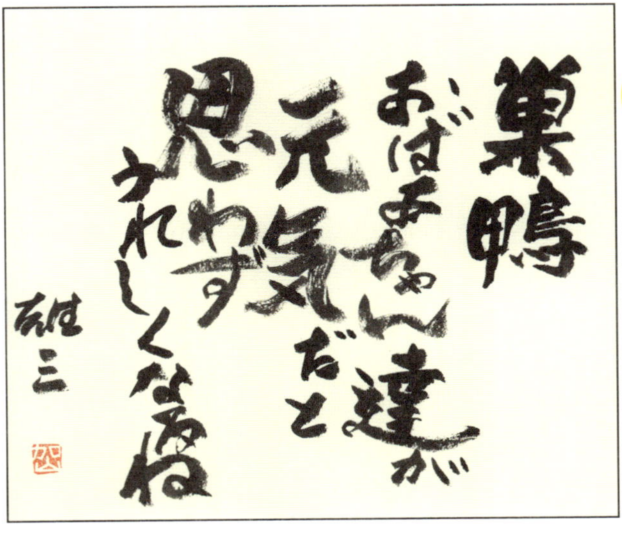
巣鴨
おばあちゃん達が
元気だと
思わず
うれしくなるね
雄三

何十年も前、僕のおばあちゃんがよく巣鴨のことを話していたなぁ。実際に来てみたら、街の人がみんな元気で楽しかった。

相撲小物 両国 高はし……38、39
surou tsukishima……80
千住宿 珈琲物語……113
浅草寺……21
千束稲荷神社……107
曹源寺……26
【た行】
大黒湯……112
帝釈天彫刻ギャラリー……102
髙木屋老舗……101、103
田辺文魁堂……61
長太郎製作所……15、108
町名由来板……92
築地市場……72
築地本願寺……74
築地正本場外店……74
月島もんじゃ振興会協同組合……81
築地よりみち館……74
つくしや……80
佃天台地蔵尊……13、80
椿屋……119
天王寺……56
天安本店……79、81
東京海洋大学……12
東京都江戸東京博物館……36
富岡八幡宮……51
富水……50
寅さん記念館……102
とりふじ……108
【な行】
中川園の蔵……111
仲見世通り……20
波除稲荷神社……73
ニイミ洋食器店……24
二木の菓子……31、33
肉のサトー……59
日伸貴金属……15、42
根津教会……63
根津神社……54、62
根津のたいやき……64
根の津……63
【は行】
梅花亭……53
芭蕉庵史跡展望庭園……46
八幡橋……51
パティスリー アン・ドゥ……49
毘沙門天善國寺……118
聖橋……96
ビスキュイ……102
ひみつ堂……58
干物まる……124
兵庫横丁……118
評判堂……23
深川宿……48
深川不動堂……52、53
深沢やすり店……27
ふくねこ堂……118
ふろしきや やまとなでしこ……119
文京区立森鷗外記念館……67
法乗院……52
ボンジュールモジョモジョ……17、61、64
【ま行】
鮪おか戸築地食堂……74
ムギマル2……17
虫の詩人の館……68
もんじゃ大木屋……17、58
【や行】
野菜居酒屋 玄気……91
谷中銀座商店街……54、58
谷中霊園……54、57
山縣商店……40、43
ヤマネ肉店……69
有職組紐　道明……33
指人形笑吉工房……14、58、59
横山家住宅……112
横山大観記念館……32
よみせ通り商店街……68
【ら行】
ライオン堂……38
力士の手形……37
両国国技館……37
両国 國技堂……39
霊巌寺……48
六芸神の像……22
【わ行】
若大将……86

索引（五十音順）

【あ行】
赤城神社……118
浅草御蔵前書房……42
浅草九重……23
浅草花やしき……22
@btf……80
天野屋……12、96、97
あめ細工 吉原……14、66、69
アメヤ横丁……30
伊藤ウロコ……75
伊藤景パック産業（株）……25
伊藤風呂店……15、68、69
今半別館……16、21
上野公園……32
うさぎのしっぽ……103
うぶけや……15、86
回向院……38
越後屋……91、93
江戸菓子匠茶寮 つくし……85、87
江戸袋物 和元……47
江戸べっ甲 宮本工業……15、124
江戸みやげ屋 たかはし……48、49
江戸昔菓子 あさくさ梅源……27
延寿稲荷神社……92
延命地蔵尊……68
おかず横丁……42
お茶の水おりがみ会館……96、97
お休み処 千住 街の駅……111
折原商店……52、53
【か行】
神楽坂通り商店街……117
花月堂……109
揖取稲荷神社……41
片山桐箪笥店……107
かふぇ あっぷる……86
（株）焼かりんとう本舗 根津神社表門前店……64
釜浅商店……26
かまた刃研社……25
元祖 塩大福みずの……123、125
元祖食品サンプル屋……13、26、27
神田青果市場発祥の地碑……92
神田明神……96
観音寺の築地塀……13、57
岸本木彫刻……15
きたろーど1010……112
紀の善……116
GALLUP……52
旧岩崎邸庭園……32
京扇堂……86、87
玉林寺……12、61
清澄庭園……47
吉良邸跡……38
金太郎飴本店……106、109
クア・アイナ 神田駿河台店……95
くじらの店 捕鯨船……22
藏前神社……42
クロサワ楽器 お茶の水駅前店……12、94、97
黒船亭……31
芸者新道……117
高岩寺（とげぬき地蔵尊）……124
江東区深川江戸資料館……48
珈琲屋うさぎ……26
KONCENT……41、43
【さ行】
さかつうギャラリー……124
錯覚美術館……92
雑貨店 la feuille……113
サンドウィッチパーラー まつむら……84
塩瀬総本家……75
漆芸中島……15、78、81
柴又駅……100
柴又帝釈天……101
宿場町通り（サンロード商店街）……110
ジョイフル三ノ輪……108
松栄亭……95
勝専寺（閻魔堂）……112
場内市場 魚がし横丁……73
書肆ひやね……90、93
新鶯亭……17、32
眞正寺……108
邃渓園……102
水天宮……85
巣鴨地蔵通商店街……123
巣鴨マルジ……125
すがもんのおしり……122
スギヤマ・アートルーム……15、61
スタジオ真理子……14
スターの広場……22
須藤公園……67
住吉神社……79

[監修] **加山雄三**（かやま・ゆうぞう）

1937年4月11日、神奈川県横浜市生まれ。慶應義塾大学卒。60年の映画「男対男」でのデビュー以来、「若大将」シリーズを始め70本以上の映画に出演。歌手としてヒット曲も多数。デビュー53年目の現在も、全国でコンサートツアーを行うほか、画家として個展を開催するなど精力的に活動を続けている。

取材・撮影	株式会社 H14、株式会社 HEW、木本一花、大柏真佑実
撮影	蔦野裕、野口卓也
表紙&本文デザイン	橋爪芽衣子
マップデザイン	佐藤麻希子（デザインスタジオ クリッククリック）
編集	株式会社 H14

番組スタッフ	河野勝（テレビ朝日）／岡崎利貞（テレビ朝日映像）
協力	株式会社テレビ朝日
	テレビ朝日映像株式会社
	株式会社加山プロモーション

若大将のゆうゆう散歩 —東京下町編—

2013年5月10日　第1刷発行
2013年5月20日　第2刷発行

監修者	加山雄三
発行者	見城 徹

発行所	株式会社 幻冬舎
	〒151-0051東京都渋谷区千駄ヶ谷4-9-7
電話	03（5411）6211（編集）
	03（5411）6222（営業）
	振替00120-8-767643
印刷・製本所	近代美術株式会社

検印廃止

ISBN978-4-344-02383-3 C0095

幻冬舎ホームページアドレス　http://www.gentosha.co.jp/
この本に関するご意見・ご感想をメールでお寄せいただく場合は、
comment@gentosha.co.jpまで。